Kinderwagen-Touren
Köln entdecken mit Baby und Kleinkind

Christine Peter

40 Ausflüge und Spaziergänge

„Don't ask yourself what the world needs.
Ask yourself what makes you come alive and then go and do that. Because what the world needs is people who have come alive."

Howard Thurman

Bibliografische Information der Deutschen Nationalbibliothek:
Die Deutsche Nationalbibliothek verzeichnet diese Publikation in
der Deutschen Nationalbibliografie; detaillierte bibliografische Daten sind im Internet über http://dnb.d-nb.de abrufbar.

Kinderwagen-Touren
1. Auflage (korrigierter Nachdruck)
ISBN: 978-3-8423-5500-2
© 2011 by Christine Peter
Gestaltung und Layout: Wolfgang Peter-Michel
Herstellung und Verlag: Books on Demand GmbH, Norderstedt

Inhalt

Auf Tour mit Baby und Kleinkind

Touren im Kölner Stadtgebiet

Innenstadt
Rheinpark: Flanieren mit Domblick	17
Die grüne Seite des Mediaparks	22
Kreuz und quer im Belgischen Viertel	25
Köln Triangle und Alter Deutzer Friedhof	26
Römerpark und Friedenspark in der Südstadt	30
Schlechtwetter-Tipp: Die Kölner Einkaufspassagen	34

Rodenkirchen
Zwischen Docks und Design: Der Rheinauhafen	37
Schöner Wohnen: Rundgang durch Marienburg	40
Waldluft schnuppern im Forstbotanischen Garten	45
Überraschung im Grüngürtel: Der Kalscheurer Weiher	48
Die Rodenkirchener Riviera	51
Der Fritz-Encke-Volkspark in Raderthal	54
Ein bisschen Bullerbü: Finkens Garten	56

Lindenthal
Durch Klettenberger Alleen	59
Der Lindenthaler Tierpark	62
Rund um den Decksteiner Weiher	65
Vom Stadion Richtung Stadtwald	67
Abstecher nach Alt-Müngersdorf	71
Vom Stüttgenhof zum Decksteiner Weiher	72

Ehrenfeld
Neuehrenfelder Kleinod: Der Blücher-Park	77

Sonntags zum Familien-Brunch nach Ehrenfeld 79
Der Friedhof Melaten 80
Neuehrenfeld in den Hinterhof geschaut 83

Nippes
Vom Rosengarten ins Familiencafé 89
Skulpturenpark: Kunst unter freiem Himmel 92
Rund um die Pferderennbahn Weidenpesch 93
Kleine Runde im Nippeser Tälchen 95
Ein Klassiker: Der Kölner Zoo 97
Schlechtwetter-Tipp: Das Aquarium im Zoo 99

Chorweiler
Rund um den Fühlinger See 101

Porz
Wald, Wild und Wiesen in Gut Leidenhausen 107
Rhein mal anders: Die Zündorfer Groov 110
Mit dem Krokodil über den Rhein 116

Kalk
Ins Wildgehege Köln-Brück 119
Königsforst – der Kölner Hauswald 121
Schlechtwetter-Tipp: Das Odysseum 124

Mülheim
Vorsicht Wildwechsel! Zu Besuch im Dünnwalder Wildpark 127
Das Dünnwalder Waldbad 130
Durch den Stammheimer Schlosspark schlendern 131
Japanische Ästhetik an der Kölner Stadtgrenze 133
Mit der Straßenbahn direkt ins Museum 136

Einleitung

Auf Tour mit Baby und Kleinkind

Frischen Wind um die Nase wehen lassen, Tapetenwechsel, einfach mal raus... Aber wohin? Schon wieder in den Park? Zum Bäcker? Oder doch nur eine Runde um den Block?

Wenn der Nachwuchs versorgt sein will, ist die Zeit knapp, einen Ausflug zu planen und in die Tat umzusetzen. Denn nicht selten bleiben nur ein, zwei, vielleicht drei Stunden für eine Unternehmung außer Haus. Es sei denn, unterwegs finden sich Orte mit Baby- bzw. Kleinkind-Infrastruktur: Wickelmöglichkeit, Platz zum Stillen, Kinderstühlchen und vor allem genügend Raum für den Kinderwagen. Dieses Buch stellt Touren im Kölner Stadtgebiet vor, die problemlos mit dem Kinderwagen unternommen werden können. Dabei kommen auch die Eltern auf ihre Kosten, denn auf jeder Tour gibt es etwas zu besichtigen,

Draußen mit dem Kinderwagen - wenn dabei keine Einkäufe oder Termine zu bewältigen sind, sondern der Schwerpunkt auf Genießen liegt, gibt es fast nichts Schöneres.

zu entdecken oder zu genießen. Alle geschilderten Touren wurden in punkto Kinderwagen auf ihre Praxistauglichkeit getestet und informieren auch über Wickelmöglichkeiten und kindergeeignete Gastronomie am Wegesrand. Zudem enthalten sie Kontaktdaten und Anfahrtsmöglichkeiten per Bus und Bahn.

Kinderwagentouren

> **Tipp:** Die Kölner Verkehrsbetriebe (KVB) informieren auf dem Linienplan „Touren ohne Treppen" über barrierefreie Linien und Haltestellen. Erhältlich ist der Plan unter www.kvb-koeln.de/german/downloads.html in der Kategorie Touren/Freizeit.

Unterwegs mit Bus und Bahn

Die Vorteile von Bussen und Bahnen liegen auf der Hand – auch und erst recht mit Baby bzw. Kleinkind: Schon die Parkplatzsuche entfällt – und damit die erste Geduldsprobe. Denn wer wird nicht nervös, wenn sich das Kind schreiend im Kindersitz windet, aber keine Hand frei ist, die mal kurz

Nicht wenige Eltern schreckt vor allem das Ein- und Aussteigen in Bahnen und Busse. Doch außerhalb der Stoßzeiten ist es eine bequeme und praktische Fortbewegungsart.

Einleitung

beruhigt? Auch das umständliche Auf- und Zuklappen und Verstauen des Kinderwagens entfällt – und somit das Umbetten eines ggf. schlafenden Kindes. Und für erlebnishungrige Kleinkinder ist schon die Bus- oder Straßenbahnfahrt an sich ein Ereignis, besonders wenn Mama oder Papa dabei Zeit haben, sich mit ihnen zu beschäftigen.

Das Kölner Bus- und Straßenbahnsystem ist gut auf die Belange von Eltern mit Kinderwagen eingestellt. Bis auf wenige Linien sind die Stadtbahnen stufenfrei begeh- bzw. befahrbar. Busse haben (meist) eine Absenkfunktion, die die Einstiegsschwelle minimiert und es gibt einen ausgewiesenen Kinderwagen-Stellplatz, meist in unmittelbarer Nähe der Eingangstür. Dennoch kann es nicht schaden, einige wenige Punkte zu beachten:

- Berufsverkehr meiden! Morgens lieber erst nach 9 Uhr starten und nachmittags möglichst vor 17 Uhr den Heimweg antreten.
- Schon vorab über Tickets informieren (s. a. Tabelle nächste Seite) und ggf. schon an der Haltestelle lösen (sofern Automat vorhanden).
- Im Bus oder in der Bahn auf jeden Fall Kinderwagen mit Bremse sichern und möglichst so abstellen, dass er nicht den Ein- und Ausstieg versperrt.
- Hilfe annehmen oder gezielt suchen: In den allermeisten Fällen eilen helfende Hände herbei, wenn ein Kinderwagen in eine ggf. nicht ebenerdige Bahn gehoben werden muss. Wenn nicht: Gezielt andere Fahrgäste ansprechen.
- Nicht zu viel vornehmen. Lieber die kleinere Route wählen und entspannt unterwegs sein, als mittendrin in Stress zu geraten.

Kinderwagentouren

Welches Ticket? Woher?
Wer sich im Kölner Stadtgebiet mit Bussen und Bahnen bewegen will, hat die Wahl zwischen mehreren Tickets. Die folgende Tabelle gibt einen Überblick über Fahrpreise und Gültigkeitsbereiche innerhalb von Köln. **Kinder unter 5 Jahren sowie Kinderwagen fahren kostenlos mit!**

Ticketart	Erläuterung	Erwachsene	Kinder (6–14 J.)
Kurzstrecke (K)	Gilt ab Einstieg bis zu vier Stationen	1,70 €	1 €
Einzelticket (1b)	Für eine Fahrt innerhalb des Stadtgebietes	2,50 €	1,30 €
4er-Ticket (Streifenkarte zum Entwerten)	Für vier Fahrten innerhalb der Preisstufe 1b	9 €	4,90 €
Tagesticket 1 Person	Für beliebig viele Fahrten, bis Betriebsschluss (3 Uhr des Folgetages)	7,30 €	-
Tagesticket 5 Personen	s.o. (für fünf Personen)	10,70 €	-

Stand: März 2011

Tipp: Wer unterwegs Fragen zu ÖPNV-Verbindungen und -Tarifen hat, erhält unter 01803/504030 Auskunft. (9 Cent/Min. aus dem dt. Festnetz; Mobilfunk max. 42 Cent/Min.)

Einleitung

Ob zu Fuß, mit dem Fahrrad oder eben mit dem Kinderwagen: Möglichkeiten, Köln zu entdecken, gibt es viele.

Touren im Kölner Stadtgebiet

Touren im Kölner Stadtgebiet

Für die einen Sinnbild des Katholizismus, für die anderen eher ein Kunstdenkmal erster Güte: Der Kölner Dom – hier von seiner Schokoladenseite, vom anderen Rheinufer gesehen. Doch auch wer ihn in erster Linie als Wegmarke versteht, wird manchmal froh sein, ihn im rechten Moment aus dem Nebel auftauchen zu sehen.

Innenstadt

Es erklärt sich von selbst: Die Innenstadt ist das Zentrum der Stadt – und dennoch wollen die Kölner es noch genauer aufgeteilt wissen. Denn das Zentrum des Zentrums ist der Stadtteil Altstadt-Nord, inkl. Dom, Historischem Rathaus, Hauptbahnhof, Museum Ludwig, Römisch Germanischem Museum, Gürzenich und zahlreicher weiterer Sehenswürdigkeiten. In Höhe des Neumarkts beginnt die Altstadt-Süd, die sich bis zum Chlodwigplatz erstreckt und damit u.a. Mauritiusviertel, Cäcilienviertel, Severinsviertel und Rheinauhafen umfasst. Altstadt-Nord und -Süd ergeben zusammen die Fläche, die bis 1881 von der mittelalterlichen Stadtmauer umschlossen war. Neustadt-Nord und -Süd sind dementsprechend die sich nördlich bzw. südlich anschließenden Viertel. Nicht zu vergessen: Auch das rechtsrheinische Deutz gehört zum Bezirk Innenstadt.

Rheinpark: Flanieren mit Domblick

Rheinparkweg, 50679 Köln

ÖPNV: Stadtbahn 1, 3, 4, 9: Köln Messe/Deutz, dann ca. 5 Min. Fußweg
Eintritt/Öffnungszeiten: jederzeit frei zugänglich
Baby: alle Wege kinderwagengeeignet, Wickelmöglichkeit und Hochstühlchen im Vapiano
Gastro: Vapiano, Constantinstraße 87–89, 50679 Köln, Tel. 0221/80088-33, www.vapiano.de

Ohne Zweifel eröffnet ein Spaziergang im Rheinpark eine der schönsten Ansichten von Köln.
Denn vom Hauptweg aus sind die prägenden Bauwerke der Kölner Skyline wie auf einer Perlenkette aufgereiht: Der markante Turm von Groß St. Martin, das Museum Ludwig, die Hohenzollernbrücke und natürlich der Dom. Doch auch

Touren im Kölner Stadtgebiet

abseits der Promenade gibt es viel zu entdecken: Ausgedehnte Grünflächen, durchzogen von asphaltierten Spazierwegen, breiten sich auf kleinen Hügeln aus – und den wenigsten Spaziergängern dürfte bewusst sein, dass die Erhebungen im Gelände von Trümmerschutt herrühren, der nach dem Zweiten Weltkrieg aus der zerstörten Innenstadt hierhergebracht wurde.

Im Gegensatz zu vielen anderen, eher „naturbelassenen", Kölner Parks nimmt sich der Rheinpark mit seinen zahlreichen Blumenbeeten ganz besonders gepflegt aus. Kein Wunder, denn das Areal wurde 1957 anlässlich der ersten Kölner Bundesgartenschau angelegt und gibt noch heute einen Einblick in die Gartenarchitektur der 1950er-Jahre.

Am nördlichen Ende des Rheinparks, in Höhe der Zoobrücke, beginnt der Jugendpark. Seinen Namen erhielt er bereits in den 1950er-Jahren, als mit dem Bau des Rheinparks begonnen wurde. Ziel war es, Kindern und Jugendlichen eine Fläche zum Austoben zu geben, da in der Stadt immer mehr Freiflächen zugebaut wurden. Betreut wurden der Park und das ebenfalls ansässige Jugendhaus bis zum Jahr 2000 von einem Verein unter sozialpädagogischer Leitung.

Heute ist der Jugendpark ein wohltuend wild belassenes Auengelände und beherbergt u.a. den Kölner Hochseilgarten.

Wie eine Zeitkapsel wirkt das mitten im Park gelegene Parkcafé – derzeit leider in recht heruntergekommenem Zustand. In feinster Nierentisch-Manier gestaltet, galt es seit seiner Erbauung 1957 lange Zeit als eine der Kölner Top-Adressen für gepflegten Kaffeegenuss. Doch seit vielen Jahren steht es nun leer. Neueste Beschlüsse der Stadt sehen eine baldige Restaurierung des denkmalgeschützten Bauwerks vor.

Innenstadt

Nicht nur im Kölner Hochseilgarten, auch hier, auf der Deutzer Seite der Hohenzollernbrücke, wird geklettert.

Info: Für so manches Kölner Kind dürfte der Rheinpark mit einer bittersüßen Erinnerung verbunden sein: Denn es ist möglicherweise der Ort, an dem es galt, seinem Schnuller Lebwohl zu sagen. Während hierzulande traditionell eher die Schnullerfee den Abschied von dem geliebten Sauger vollzieht, setzt sich immer mehr der skandinavische Brauch eines Baumes durch. Seit 2007 gibt es diesen nun auch im Kölner Rheinpark. Die Idee dahinter ist einfach: Ist das Alter zum Abschiednehmen

Mehr Infos zum Kölner Hochseilgarten: www.rope-island.de Kontakt: Rope Island, Hardtstr. 2, 50939 Köln, Tel. 0221/3550990 info@insight-out.de

Touren im Kölner Stadtgebiet

> gekommen, werden alle noch kursierenden Schnullis an ein Band gebunden und in einem feierlichen Ritual an einem Ast des Schnullerbaums befestigt. Das Kind kann somit immer wieder zum Baum „pilgern", nach seinem Schnuller schauen und zusehen, wie der Baum im Laufe der Jahre immer weiter wächst. Bleibt zu hoffen, dass der Baum nicht eines Tages von rückfälligen Kleinkindern geplündert wird…

Eine mögliche Erweiterung des Spaziergangs verläuft durch den Jugendpark. Allerdings sind hier die Wege mitunter etwas matschig. Der Jugendpark ist streng genommen eine nach Norden sich verengende Landzunge, an deren nördlichem Ende der Mülheimer Hafen liegt.

> **Tipp:** Quer durch den Park fährt von Mitte März bis Ende Oktober eine kleine Bimmelbahn im „Western-Look", die von Kindern sehr geliebt wird. Eine Rundfahrt kostet 2,50 Euro, eine Teilstrecke 1,50 Euro. Zu besonderen Anlässen wird die knallrote „Porsche-Lok" eingespannt. Zeiten: Mo–Fr 11–18 Uhr, So und Fei 10–19 Uhr.

Innenstadt

Auch die Kleinen finden im Rheinpark ihren Spaß: Mit Domblick im Kletterpiratenschiff das Karibische Meer unsicher machen – den bewundernswerten Fantasiekünstlern fällt es nicht schwer.

„Achtung Schienenverkehr!" – Zwar wurde hier noch niemand von den langsam dahintuckernden Ausflugsbähnchen überrollt, doch nehmen besonders die kleinen Parkbesucher den Bahnbetrieb sehr ernst.

Die grüne Seite des Mediaparks

Start: Maybachstraße, 50670 Köln

ÖPNV: Stadtbahn 12, 15: Hansaring
Eintritt/Öffnungszeiten: jederzeit frei zugänglich
Baby: alle Wege kinderwagengeeignet, keine Treppen
Gastro: Stadtgarten, Venloer Straße 40, 50672 Köln, Tel. 0221/952994-0, www.stadtgarten.de

Der Spaziergang beginnt einen Steinwurf von der Stadtbahn-Haltestelle Hansaring: in der dahinter liegenden Maybachstraße. Rechts neben dem Kölner Filmhaus liegt ein zunächst unscheinbarer Fußweg, der nach wenigen Metern den Blick auf eine große Freifläche eröffnet. Mehrere Rundwege schlängeln sich hier entlang, vorbei an einer gigantischen Schaukel, die eher für Erwachsene gedacht ist, als für Kinder. Etwas weiter rückt die hintere Seite des Mediaparks ins Blickfeld – leider von hier aus nicht allzu einladend anzusehen. Den Mediapark links liegen lassend, geht der Spaziergang weiter geradeaus und

Die Doppelschaukel: Manchmal für Erwachsene noch schöner als für Kinder.

Bevor 1989 der erste Spatenstich zum Bau des Mediaparks erfolgte, befand sich auf dem Gelände der Güterbahnhof Gereon. Das Backsteingebäude, in dem heute das Kölner Filmhaus seinen Sitz hat, war das Verwaltungsgebäude der Bahnanlage.

> **Tipp:** Vielleicht nicht unbedingt für Babys, aber auf jeden Fall für abenteuerlustige Kleinkinder geeignet: Der Bootsverleih auf dem Teich im Mediapark. Geöffnet in den Sommermonaten.

Innenstadt

Bergauf und immer mit Blick auf den Colonius – so taucht man am schnellsten ein ins Grün hinter den Häuserschluchten des Mediaparks.

Touren im Kölner Stadtgebiet

Die Rückseite des Mediaparks ist durchzogen von ruhigen Spazierwegen.

Achtung: Bei Einbruch der Dunkelheit, wenn in den umgebenden Bürogebäuden die Lichter ausgehen, wirkt das Gelände hinter dem Mediapark seltsam verlassen. Darum lieber nur tagsüber – und auch dann lieber nicht alleine hier spazieren gehen!

bergauf. Der 72 m hohe Herkulesberg, genannt „Mont Klamott", ermöglicht schöne Aussichten auf die Stadt. Der Weg setzt sich bergauf fort, immer auf den Colonius, den Kölner Fernsehturm zu.

Am höchsten Punkt des Hügels angekommen, führt eine Fußgängerbrücke über die Bahngleise Richtung Ehrenfeld – keine Strecke, die man alleine oder bei Einbruch der Dunkelheit zurücklegen sollte. Stattdessen empfiehlt sich, immer links der Bahngleise auf dem Weg zu bleiben. Nach wenigen Minuten befindet man sich dann inmitten des Stadtgartens.

Kreuz und quer im Belgischen Viertel

Start: Brüsseler Straße/Venloer Straße

ÖPNV: Stadtbahn 3, 4, 5: Hans-Böckler-Platz/Bahnhof West
Eintritt/Öffnungszeiten: jederzeit frei zugänglich
Baby: alle Wege kinderwagengeeignet, keine Treppen,
Gastro: div. im ganzen Belgischen Viertel

Eine hohe Dichte an Frittenbuden sucht man hier vergebens, denn schon längst haben Sushi & Co. hier Einzug gehalten. Von den belgischen Pommes hat das Karrée zwischen Venloer und Aachener Straße, Ring und Innerer Kanalstraße seinen Namen also nicht. Denn der kommt eher von den nach belgischen Städten benannten Straßen. Heute ist das Szeneviertel eine der beliebtesten Wohngegenden von Trendbewussten. Viele Altbauten sind hier zu bewundern, ebenso wie angesagte Cafés, Läden und Galerien.

Ein möglicher Rundgang beginnt am Stadtgarten bzw. gegenüber, am Anfang der Brüsseler Straße. Diese zieht sich durch das gesamte Viertel und es lohnt sich, hier entlangzuflanieren und links und rechts alles auf sich wirken zu lassen, oder in einem der Cafés einen Kaffee zu schlürfen. Da hier schon bei den ersten Sonnenstrahlen die Außen-

Savoir vivre am Rhein: Das Belgische Viertel zeigt wie das geht.

gastronomie floriert, findet man praktisch immer und überall einen Platz im Freien. Da wird der Kinderwagen auch schon mal zum modischen Accessoire...

Köln Triangle und Alter Deutzer Friedhof

Ottoplatz 1, 50679 Köln, Tel. 0221/355004-100, www.koelntrianglepanorama.de
ÖPNV: Stadtbahn 1, 3, 4, 9: Bahnhof Deutz/Lanxess Arena
Eintritt/Öffnungszeiten: Erw. 3 €, Kinderwagen 2 €. Winter (1.10.–30.4.): Mo–Fr 12–18, Sa, So, Fei 10–18, Sommer (1.5.–30.9.): Mo–Fr 11–22, Sa, So, Fei 10–22
Baby: alle Wege kinderwagengeeignet, Aufzug
Gastro: Vapiano, Constantinstraße 87–89, 50679 Köln, Tel: 0221/80088-33, www.vapiano.de

Viel Grün auf wenig Fläche: Der Alte Deutzer Friedhof, heute eher ein Park, eignet sich für eine kurze Rast oder ein Picknick im Schatten alter Bäume.

Jeden Freitag ist in Deutz Markttag – und zwar ab 7 Uhr morgens an der Deutzer Freiheit.

Seit 2006 ist das Köln Triangle, bei Kölnern bekannter unter dem Namen LVR-Hochhaus oder LVR-Turm, fester Bestandteil der Kölner Skyline – und mit 103 m Höhe eines der höchsten Gebäude Kölns.
Dass der Glaspalast exakt gegenüber des Doms errichtet wurde, sorgte zunächst für einigen Wirbel in der Stadt (s. Kasten). Doch die ansehnlichen Besucherzahlen auf der Aussichtsplattform zeigen, dass die Menschen den Turm zu schätzen wissen. Denn von der obersten der 29 Etagen hat man einen atemberaubenden Blick über die Stadt – und auf dem Dom.
Die Panorama-Plattform erreicht man durch einen separaten Eingang, von dem aus mehrere Aufzüge Besucher nach oben

Innenstadt

Das Erklimmen des Köln Triangle ist zwar nicht ganz so spektakulär wie das des Doms, dank geräumiger Aufzüge dafür aber auch mit Kinderwagen problemlos möglich.

befördern. Die Plattform selbst ist rundum durch Glasscheiben geschützt, sodass Kinder problemlos dort umherlaufen können.

Wer im Anschluss noch etwas im Grünen flanieren möchte, kann dies am Rheinufer tun – oder einen kleinen Abstecher zum nahegelegenen Alten Deutzer Friedhof machen. Dieser liegt an der Rückseite der Lanxess Arena, begrenzt durch die Deutz-Kalker Straße auf der einen und die Gummersbacher Straße auf der anderen Seite.

Nicht weit vom Köln Triangle liegt der Deutzer Bahnhof. Er ist nicht nur architektonisch interessant, sondern bietet auch ideale Anbindung an Straßenbahn und Schienenfernverkehr.

Und noch ein Bürotempel entsteht in Deutz: das neu gestaltete Lufthansa-Hochhaus, direkt an der Deutzer Brücke. Nachdem der Betonkoloss 2010 entkernt wurde, findet derzeit eine grundlegende Sanierung statt. Entstehen wird das Maxcologne, ein Gebäudekomplex in durchgängig nachhaltiger Bauweise.

Info: „Die Aussicht op d'r Dom...": Der UNESCO-Streit

Seit 1996 steht der Kölner Dom auf der UNESCO-Welterbe-Liste und ist damit gekennzeichnet als herausragendes Zeugnis der Geschichte der Menschheit. Allerdings ohne Gewähr für die Ewigkeit, denn die UNESCO überwacht ihre Schätze und verhängt Sanktionen, wenn Schutzbestimmungen nicht eingehalten werden. Genau dies geschah auch in Köln. Denn laut UNESCO ist auch die Aussicht auf den Dom von herausragender Schönheit und damit schützenswert. 2004 setzte die UNESCO den Kölner Dom auf die Rote Liste des gefährdeten Weltkulturerbes. Grund dafür waren Pläne der Stadt, im rechtsrheinischen Deutz ein ca. 100 m hohes Gebäude zu errichten. Die UNESCO bewertete dies als Sichtbarriere auf den Dom. Es entstand eine langanhaltende Debatte in Köln, in der auch über grundsätzliche stadtplanerische Haltungen diskutiert wurde. Besonders brisant: Der umstrittene Turm befand sich zu diesem Zeitpunkt bereits im Bau. Die Stadt Köln einigte sich schließlich mit der UNESCO: Entwicklungspläne wurden modifiziert und die Planung von weiteren Hochhäusern abgebrochen. Zwei Jahre später kam die erlösende Botschaft: Der Kölner Dom war wieder von der Roten Liste entfernt worden.

Höchstes Gebäude in der Kölner Skyline ist der 266 m hohe Fernsehturm Colonius, gefolgt vom Dom mit 157 m. An dritter Stelle liegt der Köln-Turm im Mediapark, in dem auf 148 m hauptsächlich Büros zu finden sind. Auf Platz 10 der höchsten Gebäude Kölns liegt das Köln Triangle mit 103 m.

In unmittelbarer Nachbarschaft des Alten Deutzer Friedhofs befindet sich die Lanxess Arena. Der Ruhe auf dem Gräbergrün kann das jedoch nichts anhaben.

Römerpark und Friedenspark in der Südstadt

Claudiusstraße bzw. Oberländer Wall, 50678 Köln

ÖPNV: Stadtbahn 15: Ubierring
Eintritt/Öffnungszeiten: jederzeit frei zugänglich
Baby: alle Wege kinderwagengeeignet, ab und zu ein paar (wenige) Stufen
Gastro: Caffé Bar, Ubierring 33, 50678 Köln: Kleines Eckcafé, u.a. mit Kinderstühlchen. Morgens schon ab 7 Uhr geöffnet, ideal für einen Kaffee zum Mitnehmen und einen kleinen Snack.

Hier trifft sich die Südstadt: Jeden Dienstag und Freitag findet auf dem Severinskirchplatz zwischen 10 und 18 Uhr ein Ökomarkt statt.

Für Südstädter sind die beiden ineinander übergehenden Parks natürlich ein „Heimspiel" – und für nicht wenige im Sommer eine Art vergrößertes Wohnzimmer. Für diejenigen, die hier nicht täglich vorbeikommen, gibt es in den beiden Parks einiges zu entdecken.

Wegweiser zum „Baui", dem Abenteuerspielplatz im, am und ums Fort I im Friedenspark (http://baui.jugz.de).

Der Römerpark entstand zwischen 1895 und 1898 und hatte zu dieser Zeit noch eine rein dekorative Funktion. Erst ab Anfang des 20. Jahrhunderts war es überhaupt erlaubt, die Rundwege zu verlassen und auch die großen Rasenflächen zu betreten. Als 1907 die damalige Kölner Handelshochschule eröffnete, wurde der Park umgestaltet und fungierte fortan als „Vorgarten" und Eingangsbereich der Hochschule. Davon zeugen noch heute die Balustraden und breiten Treppenanlagen, die von der Claudiusstraße und der heutigen FH hinunter zum Park

Innenstadt

Ein Adler hoch oben auf dem Fort I fungiert als Ehrenmal und erinnert an die Gefallenen des Ersten Weltkriegs.

Touren im Kölner Stadtgebiet

Wie eine „grüne Wand": Den östlichen Abschluss des Römerparks bildet eine begrünte Pergola.

Der Römerpark war ursprünglich eine Art Entschädigung für die den Kölnern durch den Hafenbau weggenommene Rheinauinsel (heutiger Rheinauhafen). Die bewaldete Insel, von den Kölnern auch „Werthchen" genannt, diente bis 1878 als Freizeit- und Erholungsterrain.

führen. Ein guter Start für einen Rundgang durch den Park ist das sogenannte „Eierplätzchen", ein ovaler (eigentlich namenloser) Platz, von dem sternförmig sechs Straßen abzweigen. Er bildet die westliche Begrenzung des Römerparks.

Am südlichen Ende des Römerparks schließt sich fast nahtlos der Friedenspark an. Im Gegensatz zum Römerpark ist dieser mit mehreren Schmuckgärten bzw. Rabattenanlagen ausgestattet.

Zudem hat der Friedenspark ein besonders prägnantes Wahrzeichen: das preußische Fort I, das heute denkbar unmilitärisch genutzt wird: Es dient als Jugendzentrum und als Veranstaltungsort für verschiedenste Anlässe.

Info: Der Hans-Abraham-Ochs-Weg

Zwischen Römerpark und Friedenspark, in Verlängerung der Titusstraße bzw. Claudiusstraße, verläuft der Hans-Abraham-Ochs-Weg. Benannt ist er nach einem kleinen Jungen dieses Namens, der hier 1936 von der Hitlerjugend erschlagen wurde – weil er jüdischer Herkunft war. Hans Abraham Ochs war zu diesem Zeitpunkt acht Jahre alt. Aufmerksam wurde eine Kölner Journalistin hierauf, als sie auf dem Bocklemünder Friedhof ein Grab mit der Inschrift „Hans Abraham Ochs. Umgekommen durch eine irregeleitete Jugend." entdeckte. Erst nach jahrelanger Recherche gelang es ihr, Näheres über den Tod von Hans Abraham Ochs herauszufinden. Vor Ochs' ehemaligem Wohnhaus in der Trajanstraße 41 befindet sich heute ein Stolperstein. Die Errichtung eines Denkmals für Hans Abraham Ochs wird derzeit diskutiert.

Das Straßenschild erinnert an die schreckliche Tat: Ein brutaler Mord an einem achtjährigen Jungen. Die Kölner Journalistin Kirsten Serup-Bilfeldt recherchierte neun Jahre, um die Wahrheit über Hans Abraham Ochs' Tod herauszufinden.

Schlechtwetter-Tipp: Die Kölner Einkaufspassagen

Start: z.B. Neumarkt-Galerie

ÖPNV: Stadtbahn 3, 4, 7, 9, 12, 16, 18: Neumarkt
Eintritt/Öffnungszeiten: variiert unter Umständen. Kernzeit in den Passagen: 10–20 Uhr
Baby: Wickelmöglichkeit in der Neumarkt-Passage, Neumarkt 18–24, 50667 Köln, www.neumarktpassage.de

Markenzeichen der Neumarkt-Galerie ist die umgestürzte Eistüte auf ihrem Dach – eine 10 m hohe Installation des Pop-Art-Künstlers Claes Oldenburg.

Selbst bei miesestem Wetter lässt es sich in Köln trockenen Fußes shoppen, sogar mit Kinderwagen. Denn die Einkaufspassagen in der Innenstadt liegen dicht beieinander und selten ist es hier so trubelig, dass das Einkaufen zum Hindernisrennen wird. Außerdem sind die meisten Shopping-Tempel mit Wickelplätzen, geräumigen Aufzügen und kindergeeigneten Cafés oder Restaurants ausgestattet.

Eine mögliche Tour beginnt am Neumarkt, in der Ladenpassage auf der ersten unterirdischen Ebene der Stadtbahn-Haltestelle. Von hier aus gibt es einen direkten Zugang zur Neumarkt-Galerie, in der in 60 Geschäften auf insgesamt drei Etagen eingekauft werden kann. Vom Supermarkt über Buchhandlung, Bekleidungsgeschäfte, Feinkostläden und Schmuckgeschäfte ist hier alles zu finden, natürlich auch ver-

Innenstadt

schiedene gastronomische Angebote. Der Ausgang „Richmodisstraße" ermöglicht den ebenerdigen Übergang in die nächste Shopping-Meile: Die Neumarkt-Passage. Klein aber fein ist hier das Angebot und für Kinder spannend ist vor allem der kleine Wasserfall in einem der Gänge… Im obersten Stockwerk der Passage, per Aufzug erreichbar, befindet sich zudem das Käthe Kollwitz Museum.

Um zur nächsten Passage zu gelangen, ist ein minimaler Fußweg nötig. Hierfür geht es wieder zurück zur Richmodisstraße und dann nach links, bis auf der rechten Seite die Breite Straße abzweigt. Hier beginnen auch schon die Opern-Passagen, die wiederum einen direkten Zugang zur Stadtbahn-Haltestelle Appellhofplatz haben. Die Opern-Passagen erstrecken sich bis hin zur Oper auf der einen Seite und zur nächsten Passage, den WDR-Arkaden, auf der anderen. Highlight in den WDR-Arkaden dürfte für Kinder vor allem der „Maus"-Laden sein: Maus & Co. – Der Laden mit der Maus, Breite Straße 6, 50667 Köln.

Natürlich lässt es sich in der Innenstadt auch im Freien einkaufen, zum Beispiel auf dem Ökomarkt am Rudolfplatz: Mi 11–18, Sa 8–14 Uhr.

An der zur Glockengasse hin gerichteten Seite der Opern-Passagen befindet sich das 4711-Haus. Zu jeder vollen Stunde gibt es hier das bekannte Glockenspiel zu betrachten.

Ob Plüschtier, Butterbrotdose oder T-Shirt: Die Maus gibt es im Maus-Laden in jeder erdenklichen Form (Foto: WDR mediagroup).

Touren im Kölner Stadtgebiet

Flanieren am Rheinauhafen hat viel mit sehen und gesehen werden zu tun – eine gewisse Eitelkeit vorausgesetzt natürlich. Von den an sonnigen Wochenenden beliebten Caféterrassen aus kann man jedoch auch einfach verträumt den Schiffen auf dem Rhein zuschauen.

Rodenkirchen

Zum Bezirk Rodenkirchen gehören die Stadtteile Bayenthal, Godorf, Hahnwald, Immendorf, Marienburg, Meschenich, Raderberg, Raderthal, Rodenkirchen, Rondorf, Sürth, Weiß und Zollstock. Sie alle auf einen Nenner zu bringen, ist unmöglich, denn unterschiedlicher können Stadtteile kaum sein: ehemaliges Arbeiterviertel, Villenwohngebiet, Industriekonglomerat, dörfliches Idyll, gutbürgerliche Wohnsiedlung – alles ist im Bezirk Rodenkirchen zu finden. Und die „kölsche Riviera" am Rheinufer gibt es als Krönung dazu.

Zwischen Docks und Design: Der Rheinauhafen

Start: Kap am Südkai/Ubierring

ÖPNV: Stadtbahn 15: Ubierring oder Bus 106: Rheinauhafen
Eintritt/Öffnungszeiten: jederzeit frei zugänglich
Baby: Wege kinderwagengeeignet, Treppen umfahrbar
Gastro: Diverse Cafés und Restaurants entlang des Hafengeländes

Es ist fast ein neuer Stadtteil, der in den letzten Jahren hier zwischen Severinsbrücke und Südbrücke entstanden ist – und zwar ein auf Hochglanz polierter. Rund 2 km lang ist das Rheinauhafen-Areal und es lohnt sich, es bei einem Spaziergang genauer zu erkunden.

Neben Design-Riesen wie den Kranhäusern gibt es auch jede Menge historischer Gebäude zu betrachten, die mit viel Feingefühl integriert wurden. So zum Beispiel das Alte Hafenamt am Harry-Blum-Platz, der Bayenturm oder das ockerfarbige Danziger Lagerhaus, wegen seiner sie-

Was heute hier auf Hochglanz poliert ist, sah vor gut 100 Jahren noch ganz anders aus. 1898 entstand auf dem Gebiet des heutigen Rheinauhafens der sogenannte Güterumschlagplatz Rheinauhafen. Im Zweiten Weltkrieg wurde er jedoch zerstört und wegen des Platzmangels nicht wieder aufgebaut. Jahrzehntelang lag alles brach, bis nach einem Wettbewerb der Neuaufbau feststand. Der erste Spatenstich erfolgte dann im Jahr 2002. Ganz bewusst achteten die Planer darauf, eine möglichst gemischte Bebauung vorzunehmen und nicht nur Bürogebäude zu errichten. Etwa 30 % der gesamten neu entstandenen Geschossflächen sind als Wohnraum vorgesehen. Fast eine Welt für sich ist zudem die Rheinauhafen-Tiefgarage: Mit 1,6 km Länge gehört sie zu den größten unterirdischen Parkflächen Europas.

Touren im Kölner Stadtgebiet

Begehrte Wohnlage: In dem vom Volksmund „Siebengebirge" genannten ehemaligen Lagerhaus befinden sich heute Wohnungen mit Rheinblick.

ben Giebel in Köln nur „Siebengebirge" genannt. Dass sich in dem ehemaligen Lagerhaus, wo heute begehrte Wohnungen zu finden sind, bis zur Wiedervereinigung die nationale Notreserve für Weizen befand, kann man sich heute nur noch schwer vorstellen.

Da der gesamte Rheinauhafen sich auf einer Ebene erstreckt, ist er ideal geeignet für einen Spaziergang mit dem Kinderwagen. Neben der schönen Aussicht auf den Rhein gibt es hier auch zahlreiche Cafés und Restaurants, Geschäfte und Galerien. Eine mögliche Tour beginnt am „Kap am Südkai", gegenüber der Stadtbahn-Haltestelle Ubierring, und führt immer am Fluss entlang Richtung Norden – also domwärts.

Einen Überblick über das Treiben in und um den Rheinauhafen, wie zum Beispiel Ausstellungen oder Konzerte, gibt die Seite www.rheinauhafen-koeln.de.

Tipp: Unter www.rheinauhafen-koeln.de gibt es einen Überblick über Führungen durch den Rheinauhafen. Diese dauern zwischen 1,5 und 2 Stunden und haben unterschiedliche thematische Schwerpunkte. Einige sind auch für Kinderwagen geeignet. Am besten nachfragen.

Sofern keine baustellenbedingten Absperrungen vorhanden sind, lässt sich der Spaziergang problemlos vom südlichen Ende des Rheinauhafens, vorbei am Schokoladenmuseum bis zum Heumarkt oder gar zum Dom fortsetzen.

Schöner Wohnen: Rundgang durch Marienburg

ÖPNV: Stadtbahn 16: Bayenthalgürtel bzw. Bus 106 Südpark
Baby: Strecke durchgehend kinderwagengeeignet, Treppen umfahrbar bzw. mit Rampen ausgestattet
Gastro: Deli-Kiosk Hokaido, Am Südpark (direkt an der Endhaltestelle der Buslinie 106). www.hoka-i-do.de

Wer nicht gerade in einer der Marienburger Villen residiert, kennt diesen Stadtteil möglicherweise gar nicht. Ein Grund mehr, hier einfach mal umherzuspazieren. Ein möglicher Rundgang beginnt an der Stadtbahn-Haltestelle Bayenthalgürtel.

Beim Überqueren des Oberländer Ufers fällt die 30 m hohe Bismarcksäule auf, die 1903 nach dem Tod des ersten Deutschen Reichskanzlers gebaut wurde. Vorbei an der Säule führt der Weg in den Bayenthalgürtel hinein und sogleich wieder links in die Straße Unter den Ulmen.

Hier sind einige der ältesten Villen des Viertels zu sehen, überwiegend erbaut Ende des 19./Anfang des 20. Jahrhunderts. Die Tour zweigt nach links in die Kastanienallee ab, die schließlich auf die Parkstraße stößt. Hier geht es rechts weiter, leicht bergauf. Auf der linken Straßenseite rückt ein imposanter Zaun ins Blickfeld, hinter dem man ein besonders großes Anwesen erahnen kann: die Marienburg, das Gebäude, das dem Stadtteil seinen Namen gab. Vor dem Portal zur Marienburg macht die Parkstraße eine

---

Entstanden ist die Kölner Bismarcksäule 1903 im Zuge des damals aufflammenden Bismarck-Kults. Sie zeigt eine Rolandfigur, verziert mit dem Bismarck'schen Familienwappen und einem Schild, das den Deutschen Reichsadler trägt. Zur Einweihung versammelten sich rund 3.000 Bürger am Fuße der Säule und sangen das Lied „Die Wacht am Rhein". Als Höhepunkt dieser Versammlung wurde in einer Feuerschale auf der Spitze der Säule ein Feuer entfacht.

Im Deli-Kiosk Hokaido, unmittelbar an der Haltestelle „Am Südpark" der Buslinie 106 gelegen, gibt es Kaffee und allerhand Leckereien – idealerweise fast alles „to go".

Rodenkirchen

Traumhäuser finden sich in Marienburg zu Dutzenden – leider nicht für jeden Geldbeutel.

Touren im Kölner Stadtgebiet

Auch in Marienburg wohnen Kinder, die spielen wollen, zum Beispiel hier, auf dem Spielplatz im Südpark.

Rechtskurve und führt wieder leicht bergab auf die Lindenallee. Die Tour führt in einem großen Bogen weiter auf der Lindenallee bis zum Schillingsrotter Platz. Sie zweigt dann nach rechts ab, längs über den Platz und führt geradewegs auf den Südpark zu.

Hier lässt es sich auf großen Rasenflächen unter altem Baumbestand hervorragend ausruhen. Seit einiger Zeit gibt es auch einen Kinderspielplatz. Verlässt man den Park auf der gegenüberliegenden Seite (vom Schillingsrotter Platz aus gesehen) stößt man auf die Leyboldstraße, in die man rechter Hand einbiegt. Nach kurzem

Rodenkirchen

Weg eröffnet sich an der Einmündung Pferdmengesstraße ein kleiner Platz: Haltestelle der Buslinie 106, mit der man via Südstadt wieder in Richtung Innenstadt fahren kann.

Der Südpark ist die grüne Mitte Marienburgs. Dennoch ist hier nie viel Betrieb. Wahrscheinlich, weil viele Marienburger ihren eigenen Park ums Haus haben.

Info: Die Geschichte Marienburgs

Der heutige Stadtteil Marienburg, etwa 3 km südlich der Kölner Innenstadt gelegen, war bis in die 1830er-Jahre reine Acker- und Brachfläche. Gleichzeitig bestand zu dieser Zeit der Frühindustrialisierung großer Flächenbedarf, denn Kölns Einwoh-

Touren im Kölner Stadtgebiet

nerzahl stieg stetig und das Wohnen in der beengten Innenstadt wurde immer unattraktiver. 1845 erwarb ein Kaufmann Land im Kölner Süden und erbaute unweit des Rheinufers das Landhaus „Villa Marienburg". Erst 19 Jahre später entdeckte ein Industrieller das Potenzial des Areals und baute es planmäßig zu einem Villenvorort aus. Dort konnten wohlhabende Kölner ihre Anwesen errichten und so der engen Innenstadt entfliehen. Schon bald setzte ein wahrer Bauboom ein. 1888 wurde das Gebiet eingemeindet und gehörte fortan als Stadtteil Marienburg zu Köln. Bald war es der Wohnort für jeden, der sich in der Kölner Gesellschaft einen bestimmten Status sichern wollte. Dies wurde ab 1905 noch durch eine Straßenbahnlinie unterstrichen, die von der Innenstadt bis nach Marienburg fuhr. Denn das Fahren mit der „Elektrischen" galt als Privileg wohlhabender Bürger. Um die Wohnqualität des neuen Viertels zu sichern, wurde jegliche gewerbliche Nutzung verboten. Selbst Arztpraxen und Läden waren nicht zugelassen. Noch heute gibt es hier so gut wie keine Geschäfte – und eine Wohlhabenden-Enklave ist Marienburg nach wie vor.

Waldluft schnuppern im Forstbotanischen Garten

Schillingsrotter Straße, 50996 Köln, Tel. 0221/354325,
www.stadt-koeln.de/6/gruen/forstbotanischer-garten/

ÖPNV: Stadtbahn 16: Rodenkirchen (dann 800 m Fußweg) oder Bus 135: Schillingsrotter Straße, bzw. Bus 131: Konrad-Adenauer-Straße
Eintritt/Öffnungszeiten: Eintritt frei, Nov–Feb 9–16, März, Sep, Okt 9–18, Apr–Aug 9–20 Uhr
Baby: alle Wege kinderwagengeeignet, keine Wickelmöglichkeit
Gastro: keine Gastronomie in unmittelbarer Nähe, ideale Picknickfläche

Gewächshäuser sucht man in diesem Park vergebens, denn hier wächst und gedeiht alles direkt in der Erde, selbst Mammutbäume und andere exotisch anmutende Pflanzen. Mittendrin stolzieren Pfauen

Sonne anbeten und sich wie im Süden fühlen: Das geht prima im „FoBoGa".

Touren im Kölner Stadtgebiet

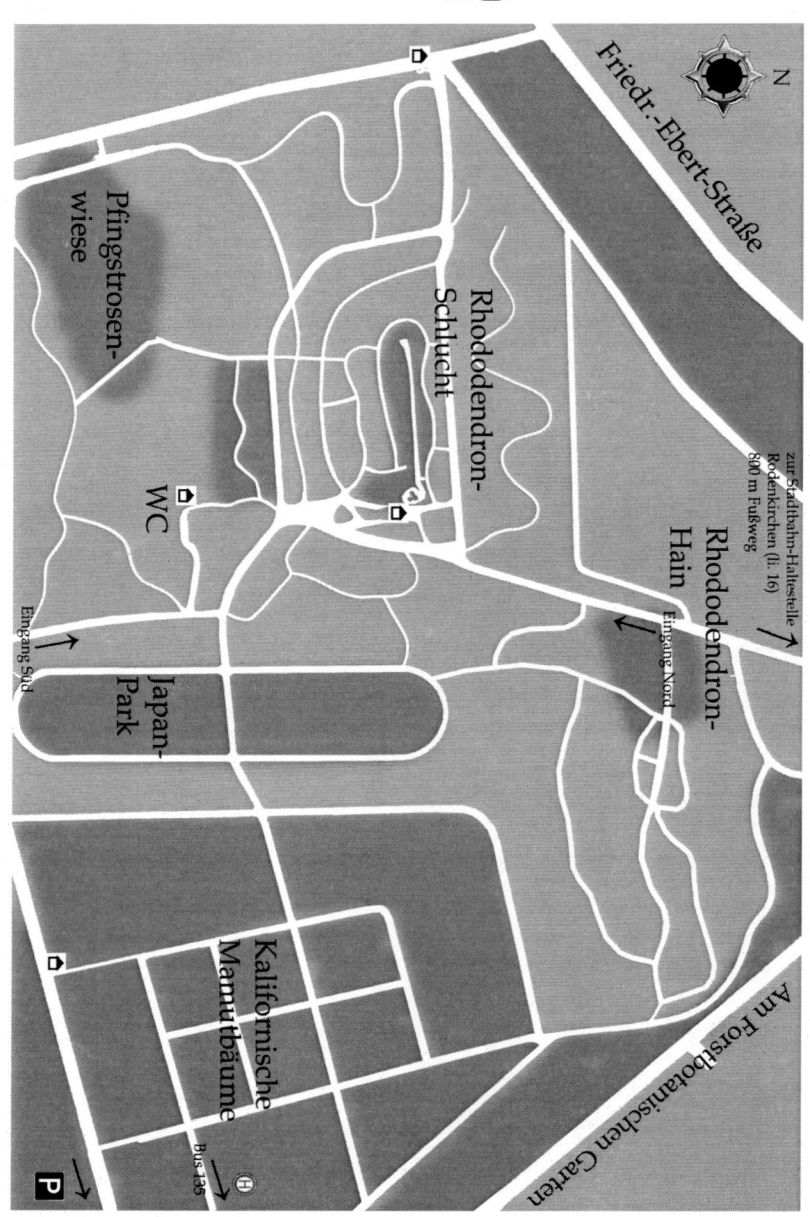

über die verschlungenen Wege und versetzen Besucher in Entzückungsschreie, wenn sie ihr Rad schlagen.

Zwischen den – teils beschrifteten – Pflanzenraritäten gibt es immer wieder schöne Ecken und Plätze, die zum Verweilen einladen: Sitzbänke, Springbrunnen oder auch die eine oder andere schöne Skulptur.

Unmittelbar an den „FoBoGa" schließt sich der Friedenswald an, ein riesiges Areal mit weitläufigen Wiesen auf hügeligem Gelände. Hier kann man schier endlose Spaziergänge auf gut befahrbaren Wegen unternehmen. Auch ein Spielplatz ist vorhanden, mit sehr viel Platz zum Rennen – und garantiert ohne Autoverkehr in der Nähe.

Besonderheit: Im Friedenswald sind typische Bäume aus jedem Land zu bewundern, mit dem Deutschland in den 1980er-Jahren diplomatische Beziehungen pflegte.

Im „FoBoGa" laden viele Nischen und Ecken zum Lesen, Spielen oder Träumen ein.

Überraschung im Grüngürtel: Der Kalscheurer Weiher

Äußerer Grüngürtel

ÖPNV: Stadtbahn 12: Zollstock Südfriedhof (dann ca. 30 Minuten Fußweg)
Eintritt/Öffnungszeiten: jederzeit frei zugänglich
Baby: alle Wege kinderwagengeeignet, keine Wickelmöglichkeit
Gastro: in den Sommermonaten Biergarten am Weiher. Sonst ideales Picknickgelände.

Die Tour beginnt am Höninger Platz in Zollstock. Hier endet zwar die Stadtbahn Linie 12, doch ein ausgedehnter Spaziergang durch den Äußeren Grüngürtel geht hier erst richtig los.

Ein lohnendes Ziel dort ist der weitgehend unbekannte Kalscheurer Weiher. Die Tour beginnt links vom Haupteingang des Südfriedhofs, dort wo der Höninger Weg stadtauswärts führt. Der Fußweg verläuft zunächst durch weite Grünflächen und führt geradewegs auf eine Fußgängerbrücke zu, die den Militärring überquert.

Diesen (in vielerlei Hinsicht!) verkehrsintensiven Abschnitt schnell hinter sich lassend, geht es am Ende der Fußgängerbrücke zunächst geradeaus, durch einen Baumstreifen, einen Querweg kreuzend. Den zweiten Querweg nach der Brücke, geht es dann nach rechts. Der nun eingeschlagene Weg verläuft kerzengerade – rechts baumbestanden, links mit freiem Blick auf große Wiesenflächen. Nach einigen hundert Metern rückt auf der linken

---

Direkt am Höninger Platz liegt die bekannte Eisdiele van der Put. Unbedingt probieren! Die Eismaschinen stehen direkt am Verkaufstresen – und täglich wird hier frisch das Eis angerührt.

Vom Ufer des Kalscheurer Weihers aus kann man, so die Meinung vieler Kölner, den schönsten Sonnenuntergang der Stadt betrachten.

Rodenkirchen

Traute Zweisamkeit am Kalscheurer Weiher

Touren im Kölner Stadtgebiet

Auch Bootfahren ist am Kalscheurer Weiher möglich.

Ob und in welcher Form am Kalscheurer Weiher Biergarten bzw. Kiosk und Bootsverleih betrieben werden dürfen, war lange Gegenstand von Verhandlungen mit der Stadt. Mittlerweile kümmert sich ein Verein um die Pachtrechte zur Bewirtschaftung. Seite allmählich der Kalscheurer Weiher ins Blickfeld.

In den Sommermonaten treffen sich hier Familien, Jogger, Hundebesitzer und Biergartenfreunde, um am Ufer des Weihers zu sitzen und ein kühles Getränk zu sich zu nehmen. Mitunter ist sogar der Bootsverleih in Betrieb und lädt ein, ein paar Runden auf dem Weiher zu rudern. Eine andere Möglichkeit, das Gewässer näher zu erkunden, ist eine Runde um den Weiher herum.

Rodenkirchen

Tipp: Gemütlich nach dem Spaziergang einen Kaffee trinken, Kuchen essen und gleichzeitig die Kinder spielen lassen? Das Zollstocker Bio-Café Kleks hat einen abgetrennten Spielbereich für Kinder, inklusive Rutsche und Trampolin. Vom Höninger Platz ist es nur eine Station mit der Linie 12 entfernt.

Café Kleks: Irmgardstraße 19, 50969 Köln, Tel. 0221/16857550, www.cafe-kleks.de,
ÖPNV: Stadtbahn 12: Herthastraße oder Gottesweg
Öffnungszeiten: Di–Sa 10–18.30, So 10.30–18:30 Uhr, Mo Ruhetag
Baby: Wickelmöglichkeit, Hochstühlchen, Spielbereich

Die Rodenkirchener Riviera

Start: Heinrich-Lübke-Ufer

ÖPNV: Stadtbahn 16: Heinrich-Lübke-Ufer oder Bus 130: Heinrich-Lübke-Ufer
Baby: alle Wege kinderwagengeeignet
Gastro: diverse Cafés und Restaurants entlang des Rodenkirchener Leinpfads

Keine Frage: Die Kulisse für diesen Spaziergang ist postkartenreif: Der Rodenkirchener Leinpfad führt entlang des Rheins, vorbei an vor Anker liegenden Schiffen, der imposanten Rodenkirchener Brücke und den historischen Gebäuden in Alt-Rodenkirchen. Den Blick zur anderen Seite gerichtet, fallen die Südbrücke, der Rheinauhafen und natürlich der Dom ins Auge.
Eine mögliche kinderwagengeeignete Tour beginnt gegenüber der Stadtbahn-Haltestelle Heinrich-Lübke-Ufer und

Jeden Mittwoch und Samstag ist in Rodenkirchen Markttag – und zwar ab 7 Uhr morgens auf dem Maternusplatz.

direkt an der gleichnamigen Bushaltestelle. Dort, wo ein großer Torbogen den Weg zum Marienburger Bootshaus weist, führt rechter Hand eine Rampe hinunter zum Uferweg.

Auch ein nach Weiß bzw. Rodenkirchen weisender Wegweiser ist vorhanden. Der Weg führt unter der Rodenkirchener Brücke hindurch, immer in Richtung Alt-Rodenkirchen.

Familienbadevergnügen am Rodenkirchener Strand. Die Sandbuchten sind gerade bei Kindern sehr beliebt.

Links laden Gastronomieschiffe ein, rechts, etwas höher liegend, einige Restaurants, Cafés und Biergärten. Geradeaus verläuft der Spazierweg immer weiter am Rhein entlang. Wo die Häuser wieder etwas weiter weg vom Fluss liegen, beginnen schließlich die Sandbuchten, die

Rodenkirchen

im Sommer von wagemutigen Wasserfreunden belagert sind.

Je nach Belieben führt die Tour immer weiter auf dem Rodenkirchener Leinpfad. Wer lieber noch ein wenig schlendern möchte, findet mehrere Wege und kleine Straßen, die ins Rodenkirchener Zentrum führen. Insbesondere entlang der Hauptstraße befinden sich zahlreiche Geschäfte. Die Stadtbahn-Haltestelle „Rodenkirchen Bahnhof" (Linie 16) liegt an der Maternusstraße, ca. 500 m vom Rheinufer entfernt.

Einige der Restaurants am Rodenkirchener Leinpfad weiten bei schönem Wetter ihre Außengastronomie bis hinunter zum Weg aus. So kann man fast im Vorbeigehen und ganz unkompliziert auch mit dem Kinderwagen einen Kaffee trinken oder eine Kleinigkeit essen.

Bei Hochwasser ist am Rodenkirchener Leinpfad nicht selten „Land unter". Davon zeugen die imposanten Hochwasserschutzvorrichtungen der angrenzenden Häuser.

Tipp: Baden im Rhein

Was vor einigen Jahren wegen der zweifelhaften Wasserqualität noch undenkbar war, hat sich mittlerweile zu einem beliebten sommerlichen Vergnügen entwickelt: Das Baden im Rhein. Wie geschaffen sind dafür die zahlreichen kleinen Sandbuchten am Rodenkirchener Rheinufer. Besonders wenn der Wasserpegel relativ niedrig und die Sandflächen dadurch größer sind, geht es hier mitunter zu wie am Baggersee. Natürlich ist beim Baden und Plantschen äußerste Vorsicht geboten, denn die Strömung ist viel heftiger, als es zunächst aussieht.

Der Fritz-Encke-Volkspark in Raderthal

ÖPNV: Bus 131: Heeresamt oder Bus 132: Arnoldshöhe
Eintritt/Öffnungszeiten: Jederzeit frei zugänglich
Baby: alle Wege kinderwagengeeignet, keine Wickelmöglichkeit
Gastro: keine Einkehrmöglichkeit in unmittelbarer Nähe. Outdoor-Wickeln in der Nähe des Brunnentempels.

Der Fritz-Encke-Park liegt zwischen den Ausfallstraßen Bonner Straße und Brühler Straße – und zwar kurz vor dem Militärring und damit fast an der Stadtgrenze. In der Zeit nach dem Ersten Weltkrieg gehörte der Park zu den eindrucksvollsten Grünanlagen der Stadt. Doch nach 1945 war er schwer lädiert und große Teile der Anlage wichen einer neuen Bungalowsiedlung. Heute mutet der Brunnentempel im Schmuckgarten des Fritz-Encke-Parks fast fremdartig an, denn ringsherum stehen inzwischen Einfamilienhäuser und Autos parken dicht an dicht.

Doch das Kuppelgebäude ist es wert, es auf sich wirken zu lassen und ein wenig in dem Garten zu flanieren. Ursprünglich bildeten zwei solcher Schmuckgärten den nördlichen Abschluss des Parks. Weiter südlich gelegen befindet sich die noch heute existierende große Liegewiese, umgrenzt von Lindenalleen.

Auch Sandspielplätze, ein Naturtheater, ein kleiner Weiher und Rosenterrassen waren ursprünglich Bestandteile des Parks. Ein guter Startpunkt für einen Rundgang ist der Brunnentempel und der ihn umgebende Schmuckgarten (Kardor-

Rodenkirchen

Der Brunnentempel im sogenannten Familiengarten, einer eigenen „Abteilung" des Fritz-Encke-Parks.

Eine Bürgerinitiative und der Rheinische Verein für Denkmalpflege und Landschaftsschutz richteten den Park 2001/2002 wieder her. Seitdem trägt er den Namen seines Planers Fritz Encke. Vorher hieß er schlicht Volkspark Raderthal.

fer Straße/Ecke Rösberger Straße). Vor allem entlang der Kardorfer Straße führen Wege in den Park hinein, in Richtung große Liegewiese. Am Brunnentempel und an den Parkeingängen befinden sich zudem Übersichtstafeln und Lagepläne.

Ein bisschen Bullerbü: Finkens Garten

Friedrich-Ebert-Straße 49, 50996 Köln, Tel. 0221/2857364,

ÖPNV: Stadtbahn 16: Rodenkirchen
Eintritt/Öffnungszeiten: Eintritt frei, Sa, So, Fei 9–18 Uhr
Baby: alle Wege kinderwagengeeignet, keine Wickelmöglichkeit, aber gutes Outdoor-Wickeln
Gastro: keine Gastronomie in unmittelbarer Nähe. Am besten zurück zum Bahnhof Rodenkirchen, dort gibt es Cafés, Eisdielen, etc.

Seinen Namen hat „Finkens Garten" von der ehemaligen Gärtnerei und Baumschule Finken, die hier ansässig war, bevor der Naturerlebnisgarten öffnete.

Wenn man von der belebten Friedrich-Ebert-Straße durch das Holztor in Finkens Garten hineingeht, scheint man eine völlig andere Welt zu betreten: Dichtes Gebüsch, wildbelassene Wiesen mit Obstbäumen und in den Sommermonaten Blumen so weit das Auge reicht. Bullerbü mitten in der Stadt.

Doch Finkens Garten ist nicht nur zum Anschauen da – hier kann man allerhand lernen, anfassen und erforschen. Sei es der Nasengarten, der Tastweg, das Baumtelefon oder das Bienenhaus. Alles ist mit sehr viel Liebe zum Detail angelegt, sodass besonders Kinder am liebsten gar nicht mehr durch das Tor wieder hinaus möchten. Auch Tieren gefällt es hier ausgesprochen gut: Rund 130 Vogelarten, über 400 Käferarten und fast 150 Schmetterlingsarten sind auf dem 5 ha großen Gelände zu Hause. Unter der Woche ist der Garten ein beliebtes Ausflugsziel von Kita-Gruppen oder Grundschulklassen. Am Wochenende und an Feiertagen steht er dann Familien zur Verfügung.

Finkens Garten war von 2005 bis 2010 offizielles Projekt „Bildung für nachhaltige Entwicklung" der Vereinten Nationen (UN). Ziel dieser Initiative ist es, Menschen zu ermöglichen, aktiv an der Umsetzung nachhaltiger Prozesse teilzuhaben

Damit alle etwas von dem Garten haben, gibt es ein paar klare Regeln.

Markante Wegmarke am Rundweg um den Decksteiner Weiher.

Lindenthal

Zum Bezirk Lindenthal gehören die Stadtteile Braunsfeld, Junkersdorf, Klettenberg, Lindenthal, Lövenich, Müngersdorf, Sülz, Weiden und Widdersdorf. Der größte Teil des Bezirks gruppiert sich rund um den Stadtwald und die angrenzenden Grünflächen wie Beethovenpark, Decksteiner Weiher und Äußerer Grüngürtel. Kein Wunder, dass einige der beliebtesten Wohngebiete hier liegen. Besonders Familien mit Kindern zieht es in den Kölner Westen.

Durch Klettenberger Alleen

Start: Klettenbergpark, Luxemburger Straße

ÖPNV: Stadtbahn 18: Klettenbergpark
Eintritt/Öffnungszeiten: jederzeit frei zugänglich
Baby: alle Wege kinderwagengeeignet, keine Treppen, Wickelmöglichkeit im Café Rosemarie
Gastro: Café Rosemarie, Hirschbergstraße 28/Honnefer Platz, 50939 Köln, Tel. 0221/16918978, www.cafe-rosemarie.de

Dort, wo auf der Luxemburger Straße der Verkehr brandet, liegt einer der ältesten Parks Kölns – und ein idealer Startpunkt für einen Streifzug durch das schicke Klettenberg. Was den Park von vielen Kölner Grünanlagen unterscheidet, sind seine auffallenden Höhenunterschiede. Grund hierfür ist die Tatsache, dass der Park auf dem Gelände einer ehemaligen Kiesgrube angelegt wurde. So erklärt sich auch, dass im tiefer liegenden Teil der Anlage ein Teich zu finden ist. Sowohl auf der Teich- als auch auf der Stra-

Wie ein Tunnel: Laubengang im Klettenbergpark

Touren im Kölner Stadtgebiet

Entspannen im Klettenbergpark.

Die Straßen rund um die Klettenberger Siebengebirgsallee tragen die Namen der sieben höchsten Siebengebirgshügel.

Jeden Mittwoch und Samstag findet ab 7 Uhr morgens auf dem Klettenberggürtel ein beliebter Wochenmarkt statt.

ßenebene führen zahlreiche Rundwege durch die Anlage. Während zur Luxemburger Straße hin alter Baumbestand beeindruckt, wird es zur entgegengesetzten Seite hin kleinteiliger: Hier sind vor allem die zwei dicht bewachsenen Laubengänge sehenswert, die sich labyrinthartig bis in einen Rosengarten hineinziehen. An diesem Ende des Parks angekommen, bietet sich eine Runde durch die schönen Klettenberger Altbaustraßen an. Vom Rosengarten kommend, geht es nach links auf die bogenförmige Siebengebirgsallee, die unmittelbar an den Park grenzt. Die Tour führt immer entlang der Siebengebirg-

Lindenthal

sallee, bis diese auf den Klettenberggürtel stößt. Der Gürtel wird überquert und die Tour setzt sich auf der anderen Seite wieder auf der Siebengebirgsallee fort, bis rechts die Heisterbachstraße abzweigt. Nach kurzer Strecke auf der Heisterbachstraße taucht links der Honnefer Platz mit seinem Kinderspielplatz auf. Zur Stärkung empfiehlt sich nun ein Besuch im Café Rosemarie: Hier sind Kinder besonders willkommen: Für sie gibt es sogar ein eigenes Spielzimmer, während sich die Eltern bei Kaffee und

Ein guter Ort für Menschen mit Kindern: Das Café Rosemarie.

Spielen und Toben auf dem Honnefer Platz.

**Öffnungszeiten
Café Rosemarie:**
Di–So 10–19 Uhr,
Do bis 23 Uhr (Montag Ruhetag)

Kuchen stärken können. Selbstverständlich sind hier auch Kinderstühlchen, Wickelfläche & Co. vorhanden.

> **Tipp:** Zum St. Martinstag findet jährlich ein Laternenzug statt, dessen Höhepunkt ein Feuer auf dem Teich im Klettenbergpark ist. Genauen Termin und Startpunkt Anfang November der Presse entnehmen.

Der Lindenthaler Tierpark

Kitschburger Straße, 50935 Köln, www.lindenthaler-tierpark.de

ÖPNV: Stadtbahn 7, 13: Dürener Straße/Gürtel oder Bus 136: Kitschburger Straße
Eintritt/Öffnungszeiten: Eintritt frei, **Jan:** Mo–So 9–16, **Feb:** Mo–So 9–17, **März:** Mo–Sa 8–18, So 9–18, **April:** Mo–Sa 8–19, So 9–19, **Mai–Aug:** Mo–Sa 8–20, So 9–20, **Sept:** Mo–Sa 8–19, So 9–19, **Okt:** Mo–Sa 8–18, So 9–18, **Nov:** Mo–So 9–17, **Dez:** Mo–So 9–16 Uhr
Baby: alle Wege kinderwagengeeignet, keine Treppen, Hochstuhl und Wickelmöglichkeit im Café/Seeterrasse des Hotel Holiday Inn „Am Stadtwald"
Gastro: Seeterrasse des Hotel Holiday Inn „Am Stadtwald", Dürener Straße 287, 50935 Köln, Tel. 0221/46760, www.koeln-hi-hotel.de

Angenehm vor allem für Spaziergänger: Am Wochenende und an Feiertagen ist die Kitschburger Straße für den Autoverkehr gesperrt. Dann empfiehlt sich in jedem Fall die Anfahrt mit Bus oder Bahn.

Nicht weit vom Stadtzentrum – und trotzdem mitten im (Stadt)Wald – liegt der mittlerweile über 100 Jahre alte Lindenthaler Tierpark. Drei Eingänge gibt es, der Haupteingang ist an der Kitschburger Straße. Zu sehen sind hier Ziegen, Esel,

Damwild und verschiedene Schafe. Seit wenigen Jahren gibt es auch ein „Geflügelgehege", in dem Gänse, Puten, Perlhühner, Pfauen und noch weitere Vögel leben. Auch verschiedene Enten sowie zwei schwarze Trauerschwäne ziehen auf den Wasserflächen im Park ihre Runden. Der Tierpark ist absolut kinderwagentauglich und daher besonders bei Familien sehr beliebt. Und wer nach dem „Tiere gucken" Bewegungsdrang verspürt, kann diesem im benachbarten Spielplatz nachgeben.

Ausgefallenes und alltägliches – der Lindenthaler Tierpark hält mindestens ein Lieblingstier für alle kleinen Leute bereit.

Tipp: Wer gerne ein „eigenes" Tier im Tierpark hätte, kann über den Förderverein eine Tierpatenschaft übernehmen. Die Paten erhalten eine Urkunde und die Möglichkeit, ihrem Tier einen Namen zu geben. Weitere Infos auf der Internetseite des Tierparks.

Nicht unbedingt in Nachbarschaft des Tierparks, aber einen Umweg wert: Kindercafé Traumstern, Hans-Sachs-Straße 20, 50931 Köln, www.traumsternkoeln.de. Mit Bus 136 von der Haltestelle Kitschburger Str. bis Haltestelle Karl-Schwering-Platz (3 Stationen).

Dort ist es auch an den heißesten Sommertagen schön schattig. Einen gepflegten Kaffee und leckeren Kuchen – wahlweise auch ein Feierabendbierchen – gibt es im Café bzw. auf der Seeterrasse des Hotel Holiday Inn „Am Stadtwald". Zur Terras-

Touren im Kölner Stadtgebiet

Eine der Alleen am Decksteiner Weiher. Zu allen Jahreszeiten halten die Wege rund ums Wasser magische Momente und interessante Begegnungen bereit. Das können Schwäne sein, nette Kinderwagenfahrer oder auch das kleine rote Espressomobil, das schon manchem Spaziergänger mit einem Kaffee die nötige Kraft für den Rückweg wiedergegeben hat.

Lindenthal

se führt ein schmaler Weg, der direkt von der Kitschburger Straße abzweigt und am Stadtwaldweiher entlangführt.

Rund um den Decksteiner Weiher

Start: Euskirchener Straße

ÖPNV: Stadtbahn 13: Euskirchener Straße, von der Haltestelle auf der Euskirchener Straße bis zur Neuenhöfer Allee, dann direkt in den Beethovenpark.
Eintritt/Öffnungszeiten: jederzeit frei zugänglich
Baby: alle Wege kinderwagengeeignet, keine Treppen
Gastro: ideales Picknickgelände, fast auf der ganzen Tour

Keine Frage, dies ist ein „Spaziergang-Klassiker" – nicht nur für Sülzer, Klettenberger oder Lindenthaler. Doch mag es sein, dass manch ein „Immi" noch nicht den Weg hierher gefunden hat. Höchste Zeit, dies nachzuholen. Von der Haltestelle Euskirchener Straße führt die gleichnamige Straße Richtung Beethovenpark. Die unkomplizierteste Strecke Richtung Decksteiner Weiher beginnt direkt neben dem Biergarten „Em Birkebäumche" in der Neuenhöfer Allee. Ein

Abendstimmung am Decksteiner Weiher: Wer möchte, kann auch ganz alleine seinen Gedanken nachhängen.

breiter Spazierweg führt hier zunächst durch den Park, inklusive waldähnlicher Abschnitte. Es geht immer geradeaus und über eine kleine, steile Fußgängerbrücke, die den Alten Militärring überquert. Auf

Touren im Kölner Stadtgebiet

Die heiligsten Hallen für alle Fans des Vereins mit dem Ziegenbock. Das ehemals hier beheimatete FC-Museum ist mittlerweile ins Rhein Energie Stadion umgezogen.

der anderen Seite der viel befahrenen Straße liegt linker Hand der Rhein Energie Sportpark mit dem „Geißbockheim", dem Clubhaus des 1. FC Köln.

Richtung Weiher führt der Weg jedoch weiter geradeaus. Am Wasser angekommen, bieten sich viele Möglichkeiten zum Weiterspazieren. Die schönsten Ausblicke über das Parkgelände erhalten Spaziergänger, wenn sie den Decksteiner Weiher komplett umrunden, was je nach eingeschlagener Route etwa 1 bis 1 ½ Stunden dauert.

Nicht nur das Geißbockheim gehört zum Rhein Energie Sportpark: Neben Clubhaus und Gastronomie sowie mehreren Trainingsplätzen befindet sich hier auch das kleine, aber feine Franz-Kremer-Stadion. Benannt ist es nach dem ersten Präsidenten des FC, der von 1948 bis 1967 in Amt und Würden war und den Kölnern zu Ruhm und Ehre verhalf.

Tipp: Mit etwas Glück können Interessierte am Geißbockheim-Gelände bei einem öffentlichen Training der Kölner Elf zuschauen. Denn dann sind die Top-Spieler fast zum Anfassen nah. Weitere Informationen und genaue Termine gibt es auf der FC-Website www.fc-koeln.de unter der Rubrik „FC-Profis".

Lindenthal

Vom Stadion Richtung Stadtwald

Start: Aachener Straße, Stadtbahn-Haltestelle Rhein Energie Stadion

ÖPNV: Stadtbahn 1: Rhein Energie Stadion
Eintritt/Öffnungszeiten: jederzeit frei zugänglich
Baby: Stühlchen und Wickelmöglichkeit im Club Astoria
Gastro: Club Astoria, Guts-Muths-Weg 3, 50933 Köln, Tel. 0221/987451-0, www.club-astoria.eu

Manchmal ein Schrecken, nicht nur für Vierbeiner: Schwäne sehen niedlich aus, können aber großen wie kleinen Parkbesuchern üble Schnabelhiebe verpassen.

Dieser Spaziergang ist nur an den Tagen wirklich empfehlenswert, an denen kein Spiel im Rhein Energie Stadion stattfindet. Denn dann kann es sehr trubelig zugehen – zu trubelig, um einen Kinderwagen hier entlangzuschieben. Die Tour beginnt an der Haltestelle Rhein Energie Stadion in Müngersdorf. Von der Haltestelle ca. 100 m entfernt liegt – schon von weitem erkennbar – das Eingangstor zum Stadion-Gelände. Von hier aus hat man einen majestätischen Blick auf die Kölner Arena. Es geht unter dem großen Tor mit der Aufschrift „Stadion" hindurch und gerade auf das Stadion zu. Je nach Lust und Laune bietet sich ein kleiner Rundgang durch die verschiedenen Sportarenen an, die größtenteils zur Sporthochschule gehören. Der Spaziergang verläuft dann weiter auf einem Fußweg links des Sta-

Touren im Kölner Stadtgebiet

Wer das Stadion gerne einmal ganz aus der Nähe betrachten und einen Blick hinter die Kulissen werfen möchte, kann an einer öffentlichen Stadion-Führung teilnehmen. Infos und Anmeldung unter Kölner Sportstätten GmbH, Tel. 0221/71616-104, www.koelnersportstaetten.de. Achtung: Die Führung ist leider nur ohne Kinderwagen möglich!

dions. Mit etwas Glück kann man von hier aus einen Blick ins Innere der Arena erhaschen. An der Südseite des Stadions angekommen, stößt der Fußweg gerade auf die Junkersdorfer Straße. Über den Zebrastreifen geht es weiter und auf der anderen Straßenseite hinein in den Guts-Muths-Weg. Das Stadion im Rücken, die weitläufige Jahnwiese zur Rechten, taucht nach wenigen Metern links der Adenauerweiher auf, um den ein kinderwagengeeigneter Spazierweg führt. Einen Steinwurf entfernt vom Ufer des Weihers liegt der schicke Club Astoria, der – entgegen seines elitär klingenden Namens – ein öffentliches Restaurant ist, das auch bestens

Das „Schmuckkästchen" von der Junkersdorfer Straße aus gesehen

Lindenthal

für Besuche mit Kindern ausgestattet ist. Sowohl die Terrasse als auch das Innere des Restaurants bieten einen direkten Blick auf den Adenauerweiher.

Kleine und große Sonnenanbeter am Adenauerweiher.

Info: Das Rhein Energie Stadion

Lange vor der WM 2006 in Deutschland hatten die Kölner einen Traum: Sie wollten Austragungsort von WM-Spielen sein. Denn schon 1974 hatte sich Köln beworben, wurde jedoch nicht ausgewählt. Doch um die Welt in Köln zu empfangen, musste ein vorzeigbares Stadion her. Das altehr-

Touren im Kölner Stadtgebiet

Außer dem Rhein Energie Stadion gibt es in Müngersdorf noch einige weitere Sportarenen, zum Beispiel die Albert-Richter-Bahn (Kölner Radstadion), das Baseballstadion (ehem. Reitstadion) und das Stadionbad. Auch die Sporthochschule Köln ist hier angesiedelt.

würdige Müngersdorfer Stadion war nicht mehr geeignet. Zu baufällig war es über die Jahre geworden. Nach langwierigen Verhandlungen stand fest: Ein neues Stadion sollte gebaut werden, jedoch an gleicher Stelle wie das alte. Der Vorteil: Der laufende Spielbetrieb musste nicht unterbrochen werden. Baubeginn war am 20. Dezember 2001 – also über vier Jahre vor der WM in Deutschland. Am 31. Januar 2004 wurde schließlich das erste Spiel im neuen Stadion angepfiffen. Und auch der Traum von der WM ging in Erfüllung: Fünf WM-Spiele fanden 2006 im Rhein Energie Stadion statt, das während der Weltmeisterschaft FIFA WM-Stadion Köln hieß. Bei Meisterschaftsspielen ist es für 50.997 Fans zugelassen, bei internationalen Begegnungen für 46.134 Zuschauer. Alle Plätze sind zudem überdacht. Die Kölner nennen es liebevoll ihr „Schmuckkästchen". Und auch von offizieller Seite hagelte es Komplimente: Das Internationale Olympische Komitee kürte das Stadion zu einer der weltbesten Sportstätten.

Eingang zum Stadion von der Aachener Straße aus gesehen.

Abstecher nach Alt-Müngersdorf

Start: Aachener Straße, Haltestelle Alter Miltärring

ÖPNV: Stadtbahn 1: Alter Militärring bzw. Bus 141, 143, 144: Wendelinstraße
Baby: keine Wickelmöglichkeit
Gastro: vini diretti, Wendelinstraße 61, 50933 Köln, Tel. 0221/9473375

Wer von der stark befahrenen Aachener Straße mal eben verschnaufen, dafür aber keinen großen Umweg in Kauf nehmen will, kann einen kurzen Abstecher nach Alt-Müngersdorf unternehmen. Rund um den „Dorfplatz" geht es gemütlich zu – und einen Kaffee oder ein paar kleine Leckereien gibt es hier auch. Von der Aachener Straße, Höhe Haltestelle Alter Militärring, geht es in die Straße Auf dem Hügel. An deren Ende nach rechts in die Wendelinstraße und dann geradewegs auf die Kirche St. Vitalis zu. Zur Linken öffnet sich nun der gemütliche Dorfplatz. Die Wendelinstraße setzt sich bergab fort und mündet in die Belvederestraße. Von hier ist es möglich, noch ein Stück die Belvederestraße bergauf zu gehen und einen Blick auf den Petershof zu werfen, der schon bald auf der linken Seite auftaucht.

Die Kirche St. Vitalis in Alt-Müngersdorf.

Im Petershof, einer ehemaligen Hofanlage aus dem 19. Jahrhundert, befindet sich heute eine städtische Kita.

Touren im Kölner Stadtgebiet

Vom Stüttgenhof zum Decksteiner Weiher

Start: Stüttgenweg, 50858 Köln

ÖPNV: Stadtbahn 7: Stüttgenhof
Eintritt/Öffnungszeiten: jederzeit frei zugänglich
Baby: alle Wege kinderwagengeeignet, keine Treppen, gutes Outdoor-Wickeln
Gastro: Am besten Utensilien für ein Picknick einpacken

Die Stadtbahn-Haltestelle Stüttgenhof mit der gleichnamigen Hofanlage liegt nur eine Station hinter der Stadtgrenze – doch gefühlt ist man hier viel weiter draußen, so ländlich wirkt die Szenerie. Der Stüttgenhof ist ein guter Ausgangspunkt für lange Spaziergänge, beispielsweise Richtung Decksteiner Weiher.

Die Haltestelle Stüttgenhof ist gleichzeitig ein guter Ausgangspunkt, um zum Arboretum im Äußeren Grüngürtel zu gelangen (s. Info-Kasten).

> **Achtung!** Keine Baby-Infrastruktur entlang der Tour! Im Haus am See kann man mit dem Kinderwagen auf der Terrasse sitzen. Oder aber einen Kaffee zum Mitnehmen ordern.

Auch der eigentliche Stüttgenhof existiert noch. Heute befinden sich in der Hofanlage jedoch privat genutzte Wohnungen. Über die Geschichte des Hofs informiert eine Tafel am Eingangstor.

Die Tour beginnt an der Haltestelle Stüttgenhof, an der man zunächst die Gleise überquert (von dem Bahnsteig aus gesehen, an dem die Bahnen aus der Innenstadt ankommen). Nach dem Passieren der Schranke beginnt der Stüttgenweg, der links von Wald, rechts von Feldern begrenzt wird. Nach nur wenigen hundert Metern gelangt man an eine Wegkreuzung. Hier biegt die Tour nach links

Lindenthal

ab, in den lichten Wald hinein. Nun geht es immer geradeaus, vorbei an kleineren Wegen, die vor allem auf der linken Seite abzweigen. Schließlich wird der Weg etwas breiter und heißt nun Bachemer Landstraße. Auf ihr geht es immer weiter bis schließlich zur Rechten eine Beschilderung zum Restaurant Haus am See weist. Dort angekommen, ist auch schon das Ufer des Decksteiner Weihers erreicht.

Während links des Restaurants ein Minigolfplatz einlädt, beginnt rechts der Rundweg um den See. Von hier aus lässt es sich nun hervorragend kilometerweit spazieren (s. Tour „Rund um den Decksteiner Weiher"). Oder aber, als kürzere Variante, bietet sich von hier aus nach einer Spazierrunde wieder der Rückweg zur Haltestelle Stüttgenhof an.

Direkt neben dem „Haus am See" gibt es eine Minigolf-Anlage. Geöffnet nur in den Sommermonaten.

Info: Das Arboretum im Äußeren Grüngürtel

Auf einer fast rechteckigen Fläche, begrenzt im Süden von der Trasse der Stadtbahn-Linie 7, im Norden von der Dürener Straße, im Osten vom Militärring und im Westen von dem Gelände rund um den Kölner Sitz der

Touren im Kölner Stadtgebiet

Ursprünglich war bereits in den 1920er-Jahren geplant, einen neuen botanischen Garten anzulegen. Doch bevor dies umgesetzt werden konnte, gingen die Pläne in den Kriegswirren unter. In den 1950er-Jahren nahm sich der damalige Gartenamtsleiter wieder des Geländes an – und ließ auf dem Areal das Arboretum anlegen.

RWE, erstreckt sich das Arboretum im Äußeren Grüngürtel. Dies ist eine planvoll angelegte Anpflanzung von heimischen und exotischen Bäumen und Sträuchern. Zu finden sind hier unter anderem ein Mammutbaum, mehrere japanische Gehölze, eine morgenländische Platane uvm. Allerdings hat das Areal keinen Park-Charakter, sondern ist bewusst wenig erschlossen, damit sich die Pflanzen besser in die Umgebung einfügen. So ist es auch nicht verwunderlich, dass das Arboretum kaum ausgeschildert ist. Man erreicht es am besten, wenn man von der Bachemer Landstraße aus in das Waldstück einbiegt, das zur Trasse der Stadtbahn-Linie 7 hinführt. Dieser Waldstreifen ist nur sehr schmal. An eigens eingerichteten Stellen kann man die Gleise überqueren und gelangt so auf das Areal. Leichter zu finden ist es, wenn man sich ihm von dem großen Bürogebäude der RWE nähert, das an der Dürener Straße liegt. Von der Haltestelle Stüttgenhof aus ist das Gebäude nicht zu übersehen – es ragt wie ein Koloss aus der ansonsten komplett flachen Umgebung hervor.

Touren im Kölner Stadtgebiet

Stimmungsvoll, ruhig – und viel zu entdecken: Spaziergang auf dem Friedhof Melaten.

Ehrenfeld

„Alles Elend dieser Welt kütt us Neppes, Kalk un' Ihrefeld", heißt es noch heute mitunter, wenn die Sprache auf den westlichen Bezirk Ehrenfeld kommt. Dabei hat sich vor allem der gleichnamige Stadtteil zu einem Hotspot für Designer, Künstler und Kreative entwickelt, derweil im angrenzenden Neuehrenfeld die Mietpreise munter in die Höhe wuchern. Kein Wunder, denn dort ist es einfach schön! Die restlichen fünf Stadtteile, nämlich Bickendorf, Bocklemünd/Mengenich, Ossendorf und Vogelsang lassen noch eher das Arbeiter- und Industrieviertel erahnen, das Ehrenfeld ursprünglich war.

Neuehrenfelder Kleinod: Der Blücherpark

Parkgürtel, 50825 Köln

ÖPNV: Stadtbahn 5: Nussbaumer Straße oder 13: Escher Straße/Gürtel
Eintritt/Öffnungszeiten: jederzeit frei zugänglich
Baby: alle Wege kinderwagengeeignet, Treppen umfahrbar, Wickelmöglichkeit im Café Franck
Gastro: Café Franck, Eichendorffstr. 30/Ehrenfeldgürtel, 50825 Köln, Tel. 0221/ 7167210, www.cafe-franck.de, kuchen@cafe-franck.de, Öffnungszeiten: Di–So 10–19 Uhr

Der Blücherpark – für eingefleischte Ehrenfelder sicher kein Geheimtipp. Doch für diesen verwunschenen Park lohnt sich auch die Anreise von einem anderen Veedel. Und das, obwohl unmittelbar am Park die Autobahn vorbeiführt.

Der Park ist streng geometrisch aufgebaut und erinnert an Gärten aus der Barockzeit. Während in der Mitte große Rasenflächen und ein viereckiger Weiher liegen, ist der Rand gesäumt von altem, fast waldartigem Baumbestand.

Das nordöstliche Ende des Parks (die dem Gürtel abgewandte Seite) geht in eine weitläufige Kleingartensiedlung über. Hier kann man kilometerweit verkehrsfrei spazieren gehen.

Im Sommer ist es, vor allem am Wochen-

Im Blücherpark, direkt am Weiher, befindet sich der kleine Biergarten „Kahnstation im Blücherpark. Er ist in den Sommermonaten geöffnet.

ende, sehr trubelig: Familien mit Kindern bevölkern die Liegewiesen ebenso wie grillende Grüppchen. Auch ein Spielplatz ist vorhanden, wenn auch etwas versteckt gelegen.

Wer es eher ruhig mag, wird auf einem der zahlreichen Wege rund um den Park sicher ein gemütliches Eckchen finden.

Tipp: Inmitten perfekter Retro-Pracht serviert das Café Franck leckeren Kaffee und hervorragenden Kuchen – im Sommer auf einer gemütlichen Terrasse. Im Keller befindet sich ein Wickelplatz und auch die seitlich vom Hauptraum gelegene Lounge eignet sich mit ihren Sofaecken optimal für einen Cafébesuch mit (Krabbel)Kindern oder Babys.

Café Franck: Eichendorffstr. 30/ Ehrenfeldgürtel, 50825 Köln, Tel. 0221/7167210, www.cafe-franck.de

ÖPNV: Stadtbahn 5 oder 13: Subbelrather Straße/Gürtel

Öffnungszeiten: Di–So 10–19 Uhr

Ehrenfeld

Wie ein grünes Tor: Der Blücherpark empfängt Spaziergänger mit altem Baumbestand und breiten, gut befahrbaren Wegen.

Sonntags zum Familien-Brunch nach Ehrenfeld

Herbrands, Herbrandstraße 21, 50825 Köln, Tel. 0221/9541626, www.herbrands.de

ÖPNV: Stadtbahn 13: Venloer Straße/Gürtel oder 3 bzw. 4: Leyendeckerstraße
Öffnungszeiten: Sonntagsbrunch 10–14 Uhr
Baby: Kinderstühle und Wickelecke vorhanden

Wenn freitags und samstags abends hier getanzt und gerockt wird, mag man kaum für möglich halten, dass sich das Herbrands sonntags vormittags in einen Familien-Magnet verwandelt: Jeden

Sonntag von 10 bis 14 Uhr findet hier ein Familien-Brunch statt.

Für die etwas größeren Kinder gibt es sogar ein Bastelangebot, sodass Eltern sich in Ruhe über das beeindruckende Büfett hermachen können.

Wenige hundert Meter von der Herbrandstraße entfernt, auf dem Ehrenfelder Neptunplatz, findet jeden Dienstag und Freitag ab 7 Uhr morgens ein Wochenmarkt statt.

Die Atmosphäre ist entspannt und ungezwungen und es hilft enorm, dass es hier genügend Platz gibt – auch wenn die Kinderwagenquote hoch ausfällt. Allerdings muss man sich fürs Sonntagsbrunch vorher anmelden.

Der Friedhof Melaten

Aachener Straße 204, 50931 Köln, www.melatenfriedhof.de

ÖPNV: Stadtbahn 1: Melaten (Haupteingang) oder Stadtbahn 13: Oskar-Jäger-Straße/Gürtel (Seiteneingang)
Eintritt/Öffnungszeiten: Eintritt frei, März: 8–18 Uhr, Apr–Sept 7–20 Uhr, Okt 7–19 Uhr, Nov–Feb 8–17 Uhr
Baby: alle Wege kinderwagengeeignet, keine Treppen, Wickelmöglichkeit bei „Tante Astrid"
Gastro: Kindercafé „Tante Astrid", Aachener Straße 48, 50674 Köln, Tel. 0221/22200210. Jeden Tag 14.30–19 Uhr, www.tante-astrid.de

Der Name „Melaten" stammt vom französischen Begriff „malade" = krank. Das kommt nicht von ungefähr, denn im 12. Jahrhundert befand sich auf dem Gelände des heutigen Friedhofs, deutlich vor den Toren der Stadt gelegen, ein Heim für Leprakranke.

Mit dem Kinderwagen über einen Friedhof spazieren – ist das nicht ein bisschen seltsam?

Nein, denn Melaten ist viel mehr als eine Begräbnisstätte. Es ist eine wahre Zeitkapsel und zugleich ein Museum, eine kunsthistorische Galerie und ein Naturschutzgebiet. Für den Erhalt und die Pflege des 200 Jahre alten Friedhofs setzt sich seit

Ehrenfeld

Das kann es wohl nur in Köln geben – ein trinkfreudiger Zeitgenosse ruht unter dem Kneipenofen, an dem er sich viele Stunden seines Lebens wärmte.

Einige wenige unscheinbare Tore in einer langen Backsteinmauer gewähren Zutritt in die Kölner Totenwelt.

2009 sogar die Interessengemeinschaft „Freundeskreis Melaten" ein.

Zahlreiche Prominente haben auf Melaten ihre letzte Ruhestatt gefunden, so etwa das Kölner Urgestein Willy Millowitsch, der Politiker Hans-Jürgen Wischnewski, die Schriftstellerin Irmgard Keun, der Schokoladenfabrikant Ludwig Stollwerck, um nur einige wenige zu nennen. Doch auch „einfache" Privatleute haben sich hier mitunter beeindruckende Grabstätten errichten lassen. Der Haupteingang

Unter altem Baumbestand erfreuen Hunderte von zum Teil sehr prächtigen Grabmalen das Herz der Lebenden.

befindet sich direkt an der Aachener Straße. Hier hängt nützlicherweise auch ein Übersichtsplan des Friedhofs. Am einfachsten erkundet man Melaten jedoch, indem man hindurchspaziert und alles auf sich wirken lässt. Inzwischen bieten auch mehrere Anbieter Führungen über den Friedhof an. Hin und wieder gibt es auch Ausstellungen oder andere Veranstaltungen.

Die sehr informative Internetseite www.melatenfriedhof.de informiert über Historisches und Gegenwärtiges rund um den Friedhof.

Neuehrenfeld in den Hinterhof geschaut

Start: Subbelrather Straße/Ecke Simarplatz

ÖPNV: Stadtbahn 5 oder 13: Subbelrather Straße/Gürtel
Baby: alle Wege kinderwagengeeignet, keine Treppen, Wickelmöglichkeit im Café Franck
Gastro: Café Franck, Eichendorffstr. 30/Ehrenfeldgürtel, 50825 Köln, Tel. 0221/7167210, www.cafe-franck.de, kuchen@cafe-franck.de, Öffnungszeiten: Di–So 10–19 Uhr

So trubelig es in Ehrenfeld auch zugehen mag – in Neuehrenfeld, der „kleinen Schwester" gleich nebenan ist es nicht nur heimelig und beschaulich, sondern es gibt hier und da auch verwunschene Ecken zu entdecken.
Gekrönt wird das Ganze von zahlreichen Cafés, die sich in einem Bogen insbesondere um den zentralen Lenauplatz gruppieren. Ein Rundgang durch Neuehrenfeld beginnt beispielsweise am Simarplatz, dem Platz rund um die Kirche St. Peter, direkt an der Subbelrather Straße. Wer nicht hier schon in einem der Cafés

Direkt am Simarplatz: „der blaue koffer" – Kinder-Second Hand. Kinder- und Babykleidung, Schuhe, Spielsachen, Schwangerschaftskleidung, Babyausstattung. Öffnungszeiten: Mo, Di 10–16, Mi 15–18, Do, Fr 10–16 Uhr

Rast machen oder im Kinder Second-Hand-Laden stöbern möchte, kann nach einer Runde um die Kirche weitergehen auf der Hauffstraße – und sich an den schönen Häusern erfreuen.

Am Ende der Straße gelangt man auf den Lenauplatz, der an drei Seiten von gut erhaltenen Altbauten umgeben ist. Lediglich in Verlängerung der Hauffstraße befindet sich ein Bau neueren Datums: das ehemalige Neuehrenfelder Kino, heute ein Supermarkt. Dahinter zweigt schräg nach links die Iltisstraße ab, in die sich der Spaziergang fortsetzt. Dort, wo die Iltisstraße auf die Nussbaumer Straße stößt, geht es erneut scharf links und

„In uns'rem Veedel...": Blick vom Lenauplatz in die Hauffstraße.

Ehrenfeld

Ein Hinterhofwunder: Wer auf der Iltisstraße Richtung Innenstadt vorbeieilt, verpasst leicht den Eingang zu den Häusern in der Lansstraße.

hinein in einen kleinen Fußweg mit dem Namen „Dechenstraße". Der Fußweg verbreitert sich zu einer Straße, von der die Tour rechts in die Heidemannstraße abbiegt. Dort, wo diese auf die Iltisstraße stößt, geht es weiter nach links. Neben der Hausnummer 57 gibt ein unauffälliger Torbogen den Blick auf einen Innenhof frei. Darin finden sich kleine Reihenhäuser mit fast dörflichem Charakter. Diese heben sich stark von den umgebenden Mietshäusern ab. Lansstraße heißt der Fußweg, der hindurchführt und am Ende auf die Takustraße stößt. Hier angekommen, ergeben sich mehrere Möglichkeiten

In einer Glasvitrine am Lenauplatz hängt der „Kinderstadtplan Ehrenfeld" mit Infos zum gesamten Bezirk.

zum Weiterspazieren. Nach rechts führt der Weg zum Takuplatz und zur Stadtbahn-Haltestelle Iltisstraße. Nach links geht es auf der Takustraße wieder zurück zur Subbelrather Straße.

Info: Wenn an Karneval die „Ihrefelder Chinese" durch Neuehrenfeld ziehen, mag sich mancher wundern: Was hat das gutbürgerliche Viertel mit China zu tun? Und warum erinnert eine Gedenktafel an der Lansstraße an einen deutschen Kapitän?

Als 1913 die Arbeiterwohnhäuser an der Lansstraße entstanden, fand in China der sogenannte „Boxeraufstand" statt, eine Protestbewegung gegen die imperialen Bestrebungen Europas, Nordamerikas und Japans in China. An der Niederschlagung dieses Aufstands war u.a. auch ein deutsches Kriegsschiff, die SMS Iltis beteiligt, das unter dem Kommando des deutschen Korvettenkapitäns Wilhelm Lans stand. Die SMS Iltis nahm an dem Angriff auf die Taku-Forts teil, eine Befestigungsanlage im Nordosten Chinas. Wohl aus Stolz und in Anerkennung dieser – aus heutiger Sicht kritisch zu betrachtenden – Leistung, erhielt die neu entstandene Siedlung in Neuehrenfeld entsprechende Straßennamen.

Touren im Kölner Stadtgebiet

Weithin sichtbare Wegmarke in Nippes: Der wuchtige Turm der Agneskirche.

Nippes

Rund 110.000 Menschen leben im Kölner Bezirk Nippes, mit den Stadtteilen Bilderstöckchen, Longerich, Mauenheim, Niehl, Nippes, Riehl und Weidenpesch.
Bei Familien besonders beliebt ist vor allem der Stadtteil Nippes: 2009 lebte dort über ein Drittel der unter 3-jährigen Kinder des gesamten Bezirks.
Andere Stadtteile punkten mit ihren ganz eigenen Superlativen: So ist Mauenheim der flächenmäßig kleinste und Weidenpesch derjenige Stadtteil mit dem wechselhaftesten Namen: Nannte sich die Ansiedlung 1808 noch „Weiden Paecherhof", hieß sie im ausgehenden 19. Jahrhundert „Merheim". Als der Ort 1888 nach Köln eingemeindet wurde, entstand kurzerhand der Name „Merheim linksrheinisch", um Verwechslungen mit dem rechtsrheinischen Merheim (Bezirk Kalk) auszuschließen. Nach dem Zweiten Weltkrieg jedoch erhielt der Stadtteil wieder den Namen Weidenpesch.

Vom Rosengarten ins Familiencafé

Fort X, Neusser Wall 33, 50670 Köln

ÖPNV: Stadtbahn 12, 15: Lohsestraße. **Achtung:** An der (unterirdisch gelegenen) Haltestelle Lohsestraße gibt es keinen Aufzug und die Rolltreppe ist zu schmal für Kinderwagen. Wer alleine unterwegs ist: Lieber am Ebertplatz aussteigen und über Riehler Str. und Hülchrather Str. zum Fort X gehen, ca. 10 Min. Fußweg.
Eintritt/Öffnungszeiten: Eintritt frei, Mo–Fr 7–20 Uhr, Sa, So, Fei 9–20 Uhr
Baby: alle Wege kinderwagengeeignet, Treppen mit Rampen ausgestattet, Wickelmöglichkeit und Spielecke im Rubens-Familiencafé
Gastro: Rubens-Familiencafé, Holbeinstraße 65–67, 50733 Köln, Tel. 0221/16846679, www.rubens-nippes.de

Eingebettet in einen schattigen Park liegt das komplett erhaltene Fort X, nur wenige Meter von der Inneren Kanalstraße entfernt. Im Sommer sind hier reichlich Liegeflächen zu finden, die zu einem

Das ehemalige Eisstadion und Freibad Lentstraße, einen Steinwurf vom Fort X entfernt, wird derzeit zu einem kombinierten Hallen- und Freibad samt Eisbahn umgebaut.

Touren im Kölner Stadtgebiet

Lauschige Ecken und Durchgänge – Das ehemals für Verteidigungszwecke angelegte Fort gibt sich heute gänzlich unmilitärisch.

Picknick einladen – und natürlich darf auch ein Spielplatz nicht fehlen.

Die Grünanlage ist zwar nicht groß, doch gibt es die Möglichkeit, auf gut befahrbaren Wegen Richtung Zoobrücke und Rhein weiterzuspazieren. Der schönste Ort des Parks ist jedoch gut versteckt: Auf dem Dach des alten Festungsgebäudes befindet sich ein Rosengarten mit wertvollen Züchtungen. Durch ein links vom Hauptportal des Forts gelegenes Tor gelangt man in einen kleinen Innenhof, in dem ein Fußweg steil nach oben führt. Schon der Weg hinauf eröffnet interessante Ansichten des Festungsbauwerks. Oben angekommen, breitet sich eine

Nippes

stattliche Ansammlung von Rosenpflanzen aus, liebevoll angelegt und mit einladenden Ecken und Nischen versehen. Alle Flanierwege durch den Rosengarten sowie um das Fort herum sind kinderwagentauglich.

Wer nach dem Spaziergang eine Pause (oder „Baby-Infrastruktur") braucht, ist gut beraten, einen Abstecher ins Rubens-Familiencafé zu machen. Hierfür verlässt man den Park am Eingang Niehler Straße/Innere Kanalstraße und biegt nordwärts in die Neusser Straße ein, die Agneskirche hinter sich lassend.

Es geht die Neusser Straße entlang, vorbei an der Tankstelle und Lohsestraße, bis zur Linken die Holbeinstraße abzweigt. Das Familiencafé befindet sich von hier aus gesehen genau am anderen Ende der Holbeinstraße. Das Café ist gleichzeitig auch ein Laden für neue und Second Hand-Kinderkleidung.

Öffnungszeiten Rubens-Familiencafé: Mo–Fr 10–18, Sa 10–14 Uhr.

Nicht weit von Cranachstraße und Holbeinstraße entfernt, am Nippeser Wilhelmplatz, findet täglich (außer sonntags) ab 7 Uhr morgens ein Wochenmarkt statt.

Tipp: Wer nur schnell ein Eis auf die Hand essen möchte, sollte einen kleinen Umweg in die Cranachstraße 22 (verläuft parallel zur Holbeinstraße) machen. Im legendären „Eis Engeln" gibt es Konditoreis vom Feinsten!

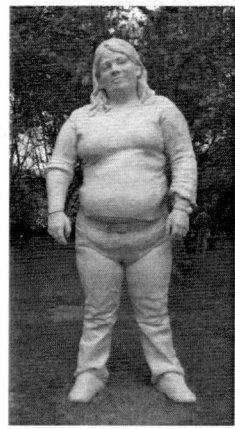

Skulpturenpark: Kunst unter freiem Himmel

Riehler Straße (Eingang), 50668 Köln, www.skulpturen-parkkoeln.de

ÖPNV: Stadtbahn 18: Zoo/Flora
Eintritt/Öffnungszeiten: Eintritt frei, April–Sept. 10.30–19 Uhr, Okt–März 10.30–17 Uhr
Baby: alle Wege kinderwagengeeignet, wenige Treppenstufen, die ggf. mit dem Kinderwagen passiert werden können, leider keine Wickelmöglichkeit, jedoch ruhige Ecken fürs Outdoor-Wickeln
Gastro: Familiencafé Boyce & Girls, Balthasarstraße 65, 50670 Köln, www.boyceandgirls.de, Öffnungszeiten: Mo–Fr 8–19, Sa 10–18 Uhr

Wer Genaueres über die Kunstwerke wissen möchte: Jeden ersten Samstag im Monat findet um 15 Uhr eine Führung statt. Treffpunkt am Parkeingang, Kosten: 8 €, Kinder bis 10 Jahre kostenlos.

Wer sagt eigentlich, dass man Kunst nur in Museen oder Galerien betrachten kann?
Der Skulpturenpark beweist, dass es auch anders geht. In einer an sich wenig beschaulichen Ecke schmiegt sich der Park zwischen Zoobrücke und Rheinuferstraße. Vom Eingang an der Riehler Straße führen ein paar (wenige) Stufen hinauf. Ansonsten ist der Park barrierefrei zugänglich – und zwar kostenlos.
Geschlungene Wege führen durch das Gelände mit altem Baumbestand und geben den Blick frei auf zeitgenössische Skulpturen, u.a. von namhaften Künstlern, die sich gekonnt in die Parkumgebung einfügen. So unkonventionell dieser Ausstellungsort auch zunächst erscheinen mag: Der Skulpturenpark hat seit seiner Eröffnung 1997 einen festen Platz in der Kölner Museumslandschaft errungen.

Rund um die Pferderennbahn Weidenpesch

Kölner Pferderennbahn Weidenpesch, Rennbahnstraße 152, 50737 Köln, www.koeln-galopp.de

ÖPNV: Stadtbahn 12, 15: Scheibenstraße
Eintritt/Öffnungszeiten: An Nicht-Renntagen Eintritt frei, sonst Tageskarte 6 € (Stehplatz), Familienkarte 10 €.
Baby: alle Wege kinderwagengeeignet, keine Treppen, Wickelmöglichkeit und Stühlchen im Restaurant Hippodrom
Gastro: Restaurant Hippodrom Scheibenstraße 40, 50737 Köln (auf dem Rennbahngelände), Tel. 0221/743344, www.hippodrom-koeln.de

Einen Ausflug wert ist auch der Trödelmarkt auf dem Gelände der Pferderennbahn. Termine und weitere Infos unter www.troedel-mit.de.

Am besten lernt man die Welt des Pferderennens natürlich an einem Renntag kennen. Doch selbst wenn kein Rennen stattfindet, lohnt ein Spaziergang auf dem

Mit einem Hauch Ascot: Eine der Tribünen der Weidenpescher Rennbahn

Touren im Kölner Stadtgebiet

Unter www.koeln-galopp.de lassen sich die aktuellen Renntermine in Erfahrung bringen. Außerdem gibt es auf der Seite viele nützliche Informationen zum Ablauf und zu den Regeln der Pferderennen. Denn entgegen mancher Vorurteile kann man hier schon mit kleinen Einsätzen auf ein Pferd wetten. Und auch die Gala-Garderobe kann getrost zu Hause bleiben.

Rennbahngelände. Rund 55 ha groß ist das Terrain, eingebettet in eine Parklandschaft mit altem Baumbestand und zahlreichen Gebäuden, die noch aus der Zeit der Erbauung der Rennbahn stammen.

Sehenswert ist vor allem die alte Tribüne, erbaut von Otto March, einem einst namhaften Architekten und Landschaftsplaner, der u.a. auch an der Entstehung des Eiffelturms beteiligt war. Schon seit 1898 finden im nördlichen Stadtteil Köln-Weidenpesch Pferderennen statt.

Heute gehört die Rennbahn mit all ihren zugehörigen Trainings- und Ausbildungsanlagen zu den größten und wichtigsten ihrer Art in Deutschland. Rund 400 Rennpferde sind hier „wohnhaft" – und gehen entweder auch hier an den Start oder werden für große Rennen im In- und Ausland vorbereitet.

Von Montag bis Samstag findet jeweils vormittags ein mehrstündiges Training statt, sonntags kürzer. Zuschauer sind dabei willkommen.

An Renntagen gut besucht: Der Biergarten auf dem Gelände der Pferderennbahn.

Kleine Runde im Nippeser Tälchen

Start: Altenberger Hof, Mauenheimer Str. 92, 50733 Köln

ÖPNV: Stadtbahn 12, 13, 15: Neusser Straße/Gürtel oder 12, 15: Florastraße
Baby: alle Wege kinderwagengeeignet, keine Treppen, Wickelmöglichkeit im Lokal Altenberger Hof
Gastro: Lokal Altenberger Hof, Mauenheimer Str. 92, 50733 Köln, Öffnungszeiten: Mo–Sa 12–24, So 10–24 Uhr

Die Seite www.troedeltipp.de informiert u.a. über anstehende Flohmarkttermine am Nippeser Tälchen.

Woher der Name „Nippeser Tälchen" kommt, lässt zunächst einige Spekulationen zu. Sehr wahrscheinlich von der ungewöhnlich muldenartigen Form des Terrains. Diese wiederum stammt von einem trockengelegten Weiher, der hier noch bis vor rund 100 Jahren vorzufinden war.

Sieht aus wie auf dem Land, ist aber in Wahrheit doch mitten in der Stadt: Das Nippeser Tälchen und der Altenberger Hof.

Touren im Kölner Stadtgebiet

Das Bürgerzentrum trägt seinen Namen zu Recht: Fast für jede Bevölkerungsgruppe gibt es hier Freizeitangebote: Babys, Kinder, Eltern, Senioren, ausländische Mitbürger, Sportfreunde, Spielernaturen und und und...

Heute ist das Nippeser Tälchen eine nicht allzu große, aber beliebte Grünanlage mit weitläufigen Rasenflächen, einem Spielplatz und – das darf nicht fehlen – einem Biergarten. Auf dem angrenzenden Parkplatz findet regelmäßig ein Flohmarkt

> **Tipp:** Ein Paradies für Matschliebhaber ist der (Wasser)Spielplatz am Nippeser Tälchen.

statt. Grillen, Picknicken, Fußballspielen, Toben – all das ist im „Tälchen" perfekt möglich. Oder aber: Zuerst eine kleine Runde spazieren" und dann in den Altenberger Hof, das Nippeser Bürgerzentrum.

Denn im Innenhof können Kinder problemlos spielen, Radfahren und vieles mehr. Auch für Kinderwagen ist genug Platz. Abgesehen vom Café bietet der Altenberger Hof auch Musik- und Tanzkurse, Fitnessangebote und Kulturveranstaltungen.

Im Innenhof des Altenberger Hofs gibt es viel Platz zum Spielen – und ein Café mit Terrasse und Tälchenblick.

Ein Klassiker: Der Kölner Zoo

Riehler Straße 173, 50735 Köln, www.koelnerzoo.de

ÖPNV: Stadtbahn 18: Zoo/Flora
Eintritt: Erw 14 €, Kinder (4 bis einschl. 14 Jahre) 7 €, Montag ist Zootag (außer an Feiertagen): Erw 10,50 €, Kinder 5 €, Feierabendticket (Di–Fr ab 16 Uhr, außer Fei): Erw 10,50 €, Kinder 5 €
Öffnungszeiten: Sommer (März–Okt): 9–18 Uhr, Winter (Okt–März): 9–17 Uhr, Aquarium 18 Uhr
Baby: alle Wege kinderwagengeeignet, Wickelmöglichkeiten vorhanden, im Zoorestaurant auch Mikrowelle zum Aufwärmen von Babykost
Gastro: Div. Imbissmöglichkeiten auf dem Zoogelände

Tipp: Am Eingang gibt es die Möglichkeit, für 5 € einen Bollerwagen zu mieten – falls der Kinderwagen mal zu langweilig wird.

Seit 150 Jahren gibt es den Kölner Zoo und sicher haben sich Heerscharen von Kindern bislang an den Tieren erfreut. Selbst bei schlechtem Wetter lohnt ein Zoobesuch, zum Beispiel im Aquarium, Tropenhaus oder Hippodom. Eingebettet ist der Zoo in ein Parkgelände, in dem alle Wege kinderwagengeeignet sind.

Nicht nur „Tiere gucken" kann man im Zoo – auch für ausreichend Bewegungsmöglichkeiten ist gesorgt.

Touren im Kölner Stadtgebiet

Der Pavianfelsen ist bei Groß und Klein beliebt – bietet er doch reichhaltigen Einblick in allzu menschliches Verhalten.

Nippes

Schlechtwetter-Tipp: Das Aquarium im Zoo

Riehler Straße 173, 50735 Köln, www.koelnerzoo.de

ÖPNV: Stadtbahn 18: Zoo/Flora
Eintritt: Erw 14 €, Kinder (4 bis einschl. 14 Jahre) 7 €, Montag ist Zootag (außer Fei): Erw 10,50 €, Kinder 5 €, Feierabendticket (Di–Fr ab 16 Uhr, außer Fei): Erw 10,50 €, Kinder 5 €
Öffnungszeiten: 9–18 Uhr
Baby: Gebäude kinderwagengeeignet, Wickelmöglichkeiten vorhanden, Aufzug zur 1. Etage
Gastro: Div. Imbissmöglichkeiten auf dem Zoogelände

Das Aquarium besteht genau genommen aus drei „Abteilungen": Aquarium, Terrarium und Insektarium. Besonders Aquarium und Terrarium (im Erdgeschoss) sind bestens für einen Besuch mit Kinderwagen geeignet, denn die großen Aquarien und Terrarien sind in optimaler Sichthöhe. Und selbst die Allerkleinsten kommen hier ins Staunen beim Betrachten der bunten Fische oder anderen Meerestiere. Im Terrarium, durch das man wie durch einen Mini-Urwald hindurchspaziert, gibt es Schlangen und verschiedenste Reptilien zu bewundern, in Zukunft auch Krokodile. Wer Angst vor Spinnen hat, sollte sich gut überlegen, ob er das Insektarium im 1. Stock aufsucht. Denn hier warten gewaltige Exemplare... Sehenswert – und ganz und gar nicht eklig – ist dort in jedem Fall die Vitrine mit den Blattschneideameisen.

Da das Aquarium ein in sich abgeschlossenes Gebäude ist, eignet es sich prima dafür, lauffreudige Kinder auf eigene Faust herumlaufen zu lassen.

In der Regel findet Montags um 15 Uhr im Aquarium die Fütterung der Piranhas statt. Täglich um 14.30 Uhr werden die Schützenfische gefüttert.

Touren im Kölner Stadtgebiet

Schön ist etwas anderes: Die Bausünden der 1970er-Jahre haben sich in Chorweiler in Beton manifestiert - und zwar im großen Stil. Städtebauliches Leitbild dieser Zeit war eine Großwohnsiedlung, in der das Auto als Verkehrsmittel dominiert. Auf die Bedürfnisse von Fußgängern und erst recht von Kindern wurde dabei wenig Rücksicht genommen. Jüngste Maßnahmen versuchen, diesem Missstand abzuhelfen.

Chorweiler

Der nördlichste Bezirk im Kölner Stadtgebiet ist Chorweiler, mit den Stadtteilen Blumenberg, Chorweiler, Esch/Auweiler, Fühlingen, Heimersdorf, Lindweiler, Merkenich, Pesch, Roggendorf/Thenhoven, Seeberg, Volkhoven/Weiler und Worringen. Der Bezirk ist der am dünnsten besiedelte von ganz Köln – und das, obwohl allein im Stadtteil Chorweiler knapp 13.000 Menschen dicht auf dicht in Wohnsilos, pardon, einer Hochhaussiedlung, leben. Die anderen Stadtteile sind stark ländlich geprägt oder erfüllen reine Wohnfunktionen, wie etwa Blumenberg, wo erst Ende der 1980er-Jahre eine (Öko)Wohnsiedlung entstand.

Rund um den Fühlinger See

Fühlinger See, Stallagsbergweg 1, 50769 Köln

ÖPNV: Stadtbahn 12, 15: Wilhelm-Sollmann-Straße, dann Bus 122: Seeberg
Eintritt/Öffnungszeiten: Fühlinger See jederzeit frei zugänglich (außer Strandbad)
Baby: alle Wege kinderwagengeeignet, Treppen umfahrbar
Gastro: Strandbar im Strandbad Blackfoot Beach, Stallagsbergweg 1, 50769 Köln, Tel. 0221/168818-10, www.blackfoot-beach.de

Zugegeben, die Lage des Naherholungsgebiets Fühlinger See ist bizarr: Es liegt zwischen Autobahn, Hochhaussiedlungen und Gewerbegebieten.
Doch für ausgedehnte Spaziergänge und Badespaß ist der See dennoch zu empfehlen: So attestiert das NRW-Umweltministerium seit 2003 durchgehend ausgezeichnete Wasserqualität und sehr gute Eignung zum Baden. Ideal ist hierfür die neue Strandbad-Anlage Blackfoot

Seit dem Jahr 2000 verläuft entlang des Seeufers der sogenannte „Ökopfad". Auf 15 Informationstafeln informiert er über die Sanierungsprojekte der letzten Jahre, u.a. einer Wasserbelüftungsanlage, die zur Erhaltung der Wasserqualität beitragen soll.

Am Fühlinger See kann an heißen Wochenenden ziemlicher Trubel herrschen. Aber das Gelände ist sehr weitläufig und nicht zwangsläufig überfüllt.

Weit über die Grenzen Kölns hinaus bekannt ist der Fühlinger See durch das alljährliche Reggae-Festival „Summer Jam" geworden. Es findet jedes Jahr am ersten Juli-Wochenende statt.

Beach, die mit feinem weißen Sand auch Kleinkinder zum Spielen am Wasser einlädt. Wer es lieber trocken mag, kann auf insgesamt 19 km – für Kinderwagen gut befahrbaren – Gehwegen rund um den See spazieren. Ein sogenannter Öko-Pfad informiert über die verschiedenen Maßnahmen, den See im ökologischen Gleichgewicht zu halten, denn lange Zeit stand hier eher der Sport- und Fun-Faktor im Vordergrund.

Insgesamt besteht der See aus sieben „Unterseen", die jeweils für unterschiedliche Nutzungen angelegt wurden: u.a. Bade- und Tauchsee, Surfsee, Angelsee und natürlich die 2300 m lange Regattabahn, auf

Chorweiler

der Rudermeisterschaften ausgetragen werden.

Entstanden ist die kleine „Seenplatte" durch den Abbau von Kies Anfang des 20. Jahrhunderts. Schon in den 1930er-Jahren kamen erste Badegäste, um zwischen den noch aktiven Baggern zu schwimmen. Das Naherholungsgebiet mit rekultivierten Kiesgruben entstand 1967.

Ein Geheimtipp ist der Fühlinger See mit Sicherheit nicht. Deshalb ist es möglicherweise auch besser, unter der Woche hierher zu kommen.

„Schwanengesang" am Seeufer. Die riesigen Gewerbegebiete im Hintergrund am besten ausblenden.

Info: Das Strandbad Blackfoot Beach hat in den Wintermonaten nur eingeschränkt geöffnet. Zeiten am besten im Internet prüfen. Auch die Preise variieren. Vor dem Ausflug ggf. telefonisch nachfragen: 0221/168818-10.

Je nach Jahreszeit können Besucher zudem an verschiedenen Kursen teilnehmen. Ein Klassiker am Fühlinger See ist der Kanukurs. Aber auch Tauchkurse und verschiedene Fitnessangebote können Gäste hier wahrnehmen.

Die Umgebung ist nicht gerade ein Öko-Paradies – dennoch stimmt beim Fühlinger See die Wasserqualität und auch manche Liegewiese lädt zum Verweilen ein.

Wegweiser zum Haus des Waldes im Gut Leidenhausen.

Porz

Im rechtsrheinischen Süden liegt der Bezirk Porz, der bis Ende 1974 eine eigenständige Stadt war. Als Porz samt seiner 16 Stadtteile (Eil, Ensen, Elsdorf, Finkenberg, Gremberghoven, Grengel, Langel, Libur, Lind, Poll, Porz, Urbach, Wahn, Wahnheide, Westhoven, Zündorf) am 1.1.1975 aufgrund der kommunalen Gebietsreform eingemeindet wurde, katapultierte es die Stadt Köln schlagartig in die Liga der Millionenstädte. Die Kölner freuten sich, doch für viele ist Porz ein nach wie vor unbekanntes Terrain.

Wald, Wild und Wiesen in Gut Leidenhausen

Gut Leidenhausen, 51147 Köln, Tel. (0 22 03) 3 99 87

ÖPNV: Bus 161, Waldstraße/Akazienweg
Eintritt/Öffnungszeiten: jederzeit frei zugänglich
Baby: alle Wege kinderwagengeeignet
Gastro: gutes Picknickgelände

Greifvogelstation, Kinderspielplatz, Wildtiere, Liegewiesen und sogar eine Pferderennbahn: Das Naherholungsgebiet Gut Leidenhausen in Porz-Grengel hat viel mehr zu bieten, als man auf den ersten Blick erahnt.
Über 12 km Spazierwege führen durch das Gelände, allesamt gut mit dem Kinderwagen befahrbar und garantiert nie überlaufen. Denn alle Highlights liegen über das gesamte Gelände verteilt. Wer sich noch nicht

Auf der Pferderennbahn im Gut Leidenhausen sind in den frühen Morgenstunden Rennpferde beim Training zu bewundern.

Touren im Kölner Stadtgebiet

Auch für ganz Kleine hat der Spielplatz im Gut Leidenhausen etwas zu bieten.

> **Tipp:** Allein der Spielplatz in Gut Leidenhausen ist schon eine Reise wert. Neben Spielgeräten gibt es auch Tische und Bänke fürs Picknick.

Penibel gepflegt – und wirkt doch immer ein wenig verlassen: Die Pferderennbahn im Gut Leidenhausen

auskennt, erkundet Gut Leidenhausen am besten auf einer Art Rundweg. Los geht's beispielsweise an der Bushaltestelle Waldstraße/Akazienweg. Nicht weit davon entfernt führt eine kleine Straße namens „Am Wildzaun" in den Wald. In weitem Bogen verläuft sie, dann als Fußweg, bis zum Autobahndamm, und darunter hinweg. Nach der Unterführung geht es linker Hand weiter bis zur Brücke über die Bahnlinie. Jenseits davon geht es einen langen Weg geradeaus. Rechter Hand erscheint bald die Pferderennbahn, auf der Besucher jedoch nur höchst selten die edlen Traber zu sehen bekommen. Denn sie dient ausschließlich Trainingszwecken. An der ersten Wegkreuzung liegt rechts die Greifvogelstation, links ein großes Rotwildgehege. Ebenfalls linker Hand führt ein Weg zum Spielplatz. Er besteht aus einer riesigen Sandfläche mit Spielgeräten wie Seilbahn, Klettergerüsten und vielem mehr. Am anderen Ende des Spielplatzes führt ein Durchgang zu mehreren großen Liegewiesen. Dort ist in jüngster Zeit die „Allee der Jahresbäume" angelegt worden. Zurück an der Greifvogelstation führt der bisherige Weg in einer Rechtskurve zum eigentlichen Gutshof Leidenhausen, der heute das „Haus des Waldes" beherbergt. Es zeigt auf kleinem Raum und mit regionalem Bezug viele interessante naturkundliche Exponate rund um das Thema Wald. Wer den Spaziergang hier beenden möchte, geht auf gleichem Weg zurück Richtung

Autobahn, ICE-Trasse, S-Bahngleise und Grengeler Mauspfad (L 489): Das Gut Leidenhausen ist schön, aber wegen der zahlreichen umgebenden Verkehrswege nie wirklich ruhig.

In der „Allee der Jahresbäume" sind die jeweiligen „Bäume des Jahres" seit 1989 aufgereiht. In einigen Jahrzehnten wird diese noch sehr junge Allee sicher eine sehenswerte Verbindung zwischen den drei Liegewiesen herstellen.

Bushaltestelle. Wer noch in Spazierstimmung ist, kann die Rennbahn ganz umrunden und landet so auch wieder an der Brücke über die Bahnlinie. Der Rundweg bietet jedoch nur einen kleinen Eindruck von dem vielgestaltigen Gelände. Denn es gibt hier noch einige weitere schöne Ecken zu entdecken.

Rhein mal anders: Die Zündorfer Groov

Freizeitinsel Groov, 51143 Köln (Porz-Zündorf)

ÖPNV: Stadtbahn 7: Zündorf oder Rheinfähre Krokodil
Eintritt/Öffnungszeiten: jederzeit frei zugänglich
Baby: alle Wege kinderwagengeeignet, Treppen umfahrbar
Gastro: diverse Cafés und Restaurants rund um den Zündorfer Marktplatz

Auch das ist Köln: Fachwerk-Idyll in Alt-Zündorf

Dass die „Freizeitinsel" ihren Namen zu Recht trägt, zeigt sich schon bei einem kleinen Spaziergang durch das parkartige Gelände. In dessen Zentrum liegt ein ruhiges Binnengewässer – ein Abzweig des Rheins.
Dort drehen im Sommer Tretboote ihre Runden. Am Übergang zum Rhein liegt auch der Jachthafen des ortsansässigen Wassersportclubs. Jenseits des kleinen Wassers, erreichbar über einen Damm, liegt die „Insel", eigentlich eher eine Landzunge, durchzogen von Spazierwegen und ausgestattet mit einem Grillplatz und schönen Ausblicken auf den Rhein.
Besonderer Clou: Von der Zündorfer

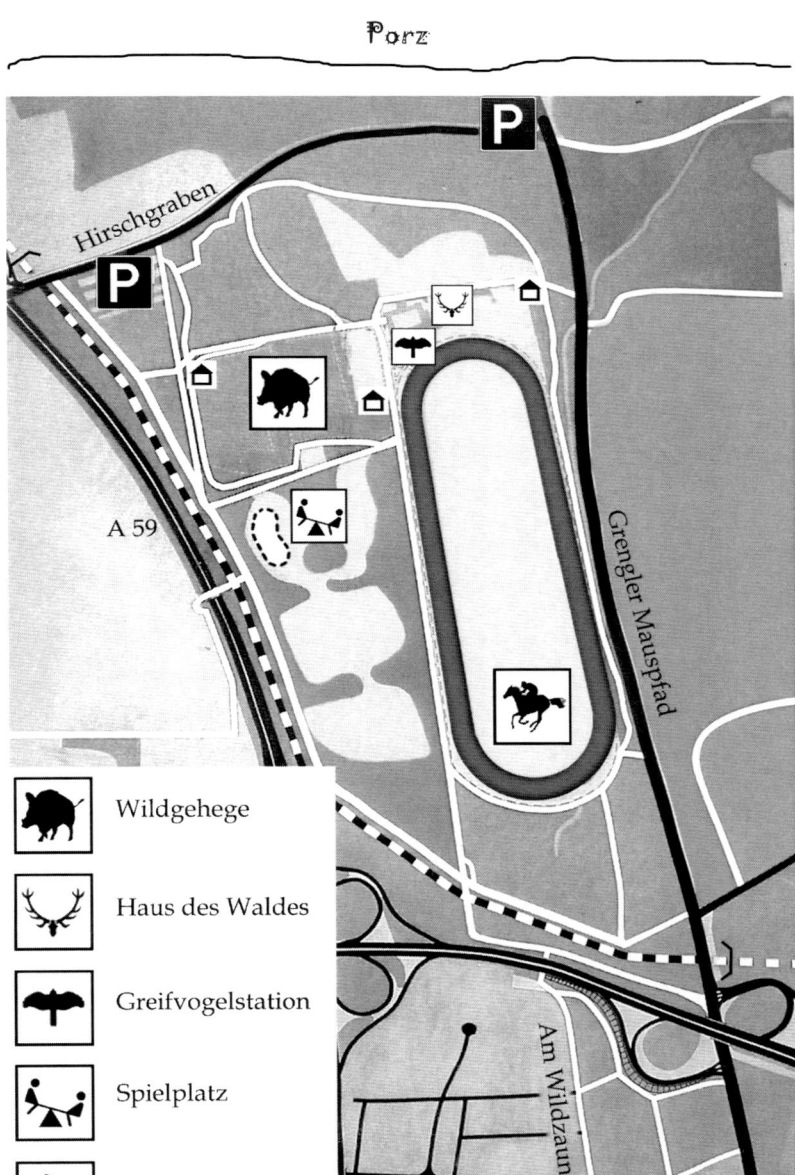

Gut Leidenhausen

Touren im Kölner Stadtgebiet

Öffnungszeiten Minigolfanlage:
Täglich ab 10 Uhr bis Einbruch der Dämmerung.
Bei Regen bleibt die Anlage geschlossen.
Preise:
Erwachsene 4 €
Kinder 2,50 €

Groov aus verkehrt das „Krokodil", eine kleine Personenfähre, die Ausflügler ans andere Rheinufer und damit in den Stadtteil Weiß bringt. Auch Kinderwagen und Fahrräder dürfen mitfahren!
Im Sommer locken zudem schmale feinsandige Uferstreifen am hiesigen Rheinufer. Diese lassen zwar keine wirkliche Beach-Atmosphäre aufkommen, aber für eine kleine Sandburg reicht es mitunter.
Am Zündorfer Marktplatz, sozusagen dem „Vorplatz" der Groov, geht es mit Fachwerkidyll, engen Gassen und rustikaler Gastronomie beschaulich und fast schon ein wenig kleinstädtisch zu.

Auf der Zündorfer Rheinseite findet sich der Fähranleger nicht weit von den Hauptseen der Anlage. Wenn in Betrieb, weist die Fontäne den Weg dorthin.

Bereit für große Turniere: Schon mit Ausklang des Winters rüstet sich der Zündorfer Minigolfplatz für die kommende Saison.

Touren im Kölner Stadtgebiet

Fahrradfahrer, Spaziergänger, Kinderwagenschieber – alles trifft sich auf dem Leinpfad

Dass der Leinpfad ursprünglich alles andere als ein Spazierweg war, ist heute nicht mehr jedem geläufig. Noch bis ins 19. Jahrhundert hinein dienten Leinpfade als Treidelpfade: Unter Treideln versteht man das Ziehen von Schiffen an Tauen stromaufwärts durch Pferde- und teils auch Menschenkraft.

Tipp: Auf dem Leinpfad am Rhein entlang

Start: Freizeitinsel Groov

Am nördlichen Ende der Groov, in Verlängerung des Zündorfer Marktplatzes, verläuft ein schmaler, aber gut ausgebauter Spazierweg, der Leinpfad. Er führt vom Zündorfer Marktplatz vorbei am Zündorfer Jachthafen und Wehrturm auf Porz-Markt zu. Letzterer enthält eine sehenswerte Ausstellung zur Ortsgeschichte. Eine Besichtigung ist jedoch mit dem Kinderwagen aufgrund der engen Treppen nicht möglich. In

Höhe Porz Zentrum verbreitet sich der Leinpfad zu einer ansehnlichen Platanenallee – hier findet sich auch der Schiffsanleger der Köln-Düsseldorfer Rheinschifffahrt. Wer sich mit dem Fahrplan vertraut gemacht hat, erwischt hier pünktlich sein Schiff zurück nach Köln. Sonst geht es über eine Rampe in den Ort hinein und zur Haltestelle der Stadtbahn-Linie 7, die müde Spaziergänger in einer knappen halben Stunde wieder in die linksrheinische Innenstadt bringt.

Achtung: Alljährlich findet im Mai auf der Freizeitinsel Groov das „Inselfest" statt, eine Großkirmes mit Fahrgeschäften, Losbuden und allem, was dazugehört. Dann ist es mit der Beschaulichkeit vorbei und junge Eltern können zusehen, dass sie ihren Kinderwagen heil durch die Menschenmassen schieben. Wer darauf keine Lust hat: Besser vorher informieren!

Einige Fachwerkhäuser in Alt-Zündorf sind besonders aufwendig hergerichtet

Mit dem Krokodil über den Rhein

Fahrpreise Kölnkrokodil:
Erwachsene 2 € (Hin u. Rück 3 €), Kinder (4–6 J.) 1 € (Hin u. Rück 1 €)
Kinder unter 4 und Kinderwagen fahren kostenfrei.

Freizeitinsel Groov, 51143 Köln Porz-Zündorf oder Weißer Leinpfad (Fähre), 50999 Köln, Tel. 02236/68334, www.faehre-koelnkrokodil.de, info@faehre-koelnkrokodil.de
ÖPNV: linksrheinisch: Bus 130/131: Weißer Hauptstraße, rechtsrheinisch: Stadtbahn 7: Zündorf (zum Anleger an der Groov)
Zeiten: Mo–Fr: 11–19 Uhr, Sa, So, Fei: 10–20 Uhr. Fährbetrieb nur zwischen März und Okt (im Zweifelsfall s. Rubrik „Aktuelles" unter www.faehre-koelnkrokodil.de).
Baby: Auf dem „Krokodil" können Kinderwagen problemlos mitfahren.
Gastro: diverse Cafés und Restaurants in der Zündorfer Groov (s. oben)

So werden Fahrgäste auf der Weißer Rheinseite willkommen geheißen...

Von März bis Oktober pendelt zwischen Köln-Weiß und Porz-Zündorf die Rheinfähre Krokodil hin und her.

Bei fast jedem Wetter bringt sie so Spaziergänger, Radfahrer und andere Ausflügler trockenen Fußes ans andere Rheinufer.

Während auf der rechtsrheinischen Seite die Freizeitinsel Groov auf Besucher wartet (s.o.), befindet sich linksrheinisch rund um den Fähranleger der Weißer Rheinbogen, ein Auenwaldgebiet mit langen Spazierwegen. Beide Anlegestellen sind ein für Kinderwagen geeignetes Terrain.

Achtung: Zwar ist der Weißer Fähranleger per Bus erreichbar, jedoch liegt die Haltestelle ein gutes Stück zu Fuß von der Fähre entfernt. Unbedingt vorher die Fahrzeiten von Bus und Fähre prüfen!

...und so nach Zündorf verabschiedet.

In den Wintermonaten liegt das „Krokodil" neben seinen Schwesterschiffen „Frika" und „Krokolino" am Weißer Rheinufer.

Man mag es nicht für möglich halten, aber Kalk hat erstaunlich viel Grün zu bieten, unter anderem das Wildgehege Brück und den Königsforst.

Kalk

Zugegeben: Es ist nicht die idyllische Lage, durch die Kalk von sich reden macht, denn die jahrzehntelange Nutzung als Industrieareal hat ihre Spuren hinterlassen. Doch seit geraumer Zeit wirken tiefgreifende städtebauliche Maßnahmen auf den rechtsrheinischen Stadtteil ein und sorgen dafür, dass das Viertel sein altes Image abschüttelt. Je weiter man den Bezirk in Richtung Osten durchmisst, desto ruhiger werden die Stadtteile: Humboldt/Gremberg, Vingst, Höhenberg, Ostheim, Merheim, Neubrück. Brück. Rath/Heumar, östlichster Stadtteil des Bezirks, grenzt unmittelbar an den Königsforst – und ist damit ein wahrer Pilgerort für Sonntagsausflügler.

Ins Wildgehege Köln-Brück

Flehbachmühlenweg, Köln

ÖPNV: Stadtbahn 1: Brück Mauspfad (von dort ca. 1,5 km Fußweg)
Eintritt/Öffnungszeiten: jederzeit frei zugänglich
Baby: alle Wege kinderwagengeeignet
Gastro: keine Gastronomie im Umkreis

Dichter Wald, ausgedehnte Spazierwege – und jede Menge Tiere gibt es im Wildgehege Brück.
Auf einem Terrain von gut 50 ha befinden sich je ein Gehege für Rothirsche und eines für Wildschweine. Und damit man auch wirklich Tiere zu sehen bekommt, führen gleich mehrere Wege rund um die eingezäunten Areale – auch wenn es gut vorkommen kann, dass die

Am Waldrand angekommen, ist der Weg zum Wildgehege nicht mehr zu verfehlen.

Touren im Kölner Stadtgebiet

Frisch gesuhlt im Matsch – und schon auf der Suche nach etwas Essbarem.

Achtung, der Fußweg von der Haltestelle Brück Mauspfad kann sich arg in die Länge ziehen. Evtl. ist hier die Anfahrt mit dem Auto ratsam. Ein Parkplatz befindet sich im Flehbachmühlenweg, unmittelbar vor dem Waldweg, der zum Wildgehege führt.

Tiere sich immer gerade in der Ecke aufhalten, in die man gerade nicht spaziert. Auch ein Futterautomat ist vorhanden, damit gar nicht erst der Gedanke aufkommt, die Tiere mit ungeeigneten Lebensmitteln zu füttern.

Nicht naschen! Das hier ist Wildtierfutter.

> **Tipp:** Zwar nicht in unmittelbarer Nähe des Wildgeheges, aber ebenso mit der Stadtbahn-Linie 1 zu erreichen:
>
> **Café Restaurant Blauer König**, Markt 24, 51103 Köln, Tel. 0221/99393748.
> **ÖPNV:** Stadtbahn 1: Kalk Kapelle
> **Öffnungszeiten:** Di–Fr 11–24, Sa 12–24, So 9.30–24 Uhr

Auch Frühstücken kann man im Blauen König – und es gibt eine wechselnde Mittagskarte. Mehr Infos unter www.blauer-koenig.de.

Königsforst – der Kölner Hauswald

Start: Stadtbahn-Linie 9: Königsforst (Endhaltestelle)

ÖPNV: Stadtbahn 9: Königsforst
Eintritt/Öffnungszeiten: jederzeit frei zugänglich
Baby: alle Wege kinderwagengeeignet
Gastro: keine Einkehrmöglichkeiten mit ausgesprochener Baby-Infrastruktur

Dass man in Köln mit einer Stadtbahn bis an den Rand eines riesigen Waldgebietes fahren kann, ist vielen Einheimischen möglicherweise gar nicht bekannt. Königsforst heißt dieser Wald – ebenso wie auch die Endstation der Linie 9. Gerade wenige hundert Meter vom Haltepunkt entfernt, tauchen Spaziergänger schon in dichten Baumbestand ein. Die breiten, gut befestigten Wege täuschen allerdings schnell darüber hinweg, dass man sich ohne Planung in dem riesigen Forstgebiet

Die kinderfreundlichste Eisdiele rund um den Königsforst: Piccola Gelateria, Rather Mauspfad 19, 51107 Köln-Rath-Heumar, Tel. 0221/866915

Touren im Kölner Stadtgebiet

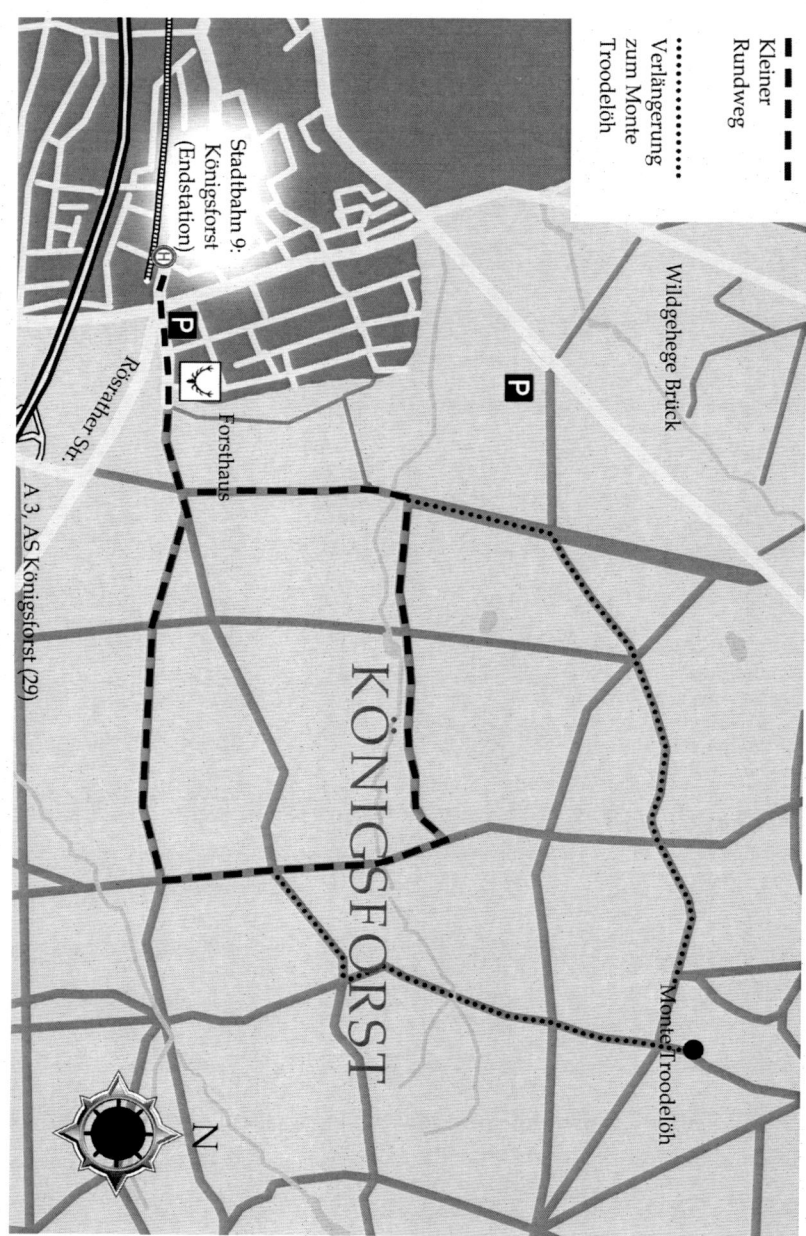

Kalk

durchaus verlaufen kann. Vor allem am Wochenende wird man hier sicher nicht einsam sein, aber dank der zahlreichen weitläufigen Wege zerstreuen sich die „Massen" schnell. Ein möglicher Rundweg beginnt am nahe der Haltestelle gelegenen Forsthaus (siehe Karte). Einmal „rund ums Karree" kommt man, auch in gemütlichen Tempo, ggf. sogar mit Still- oder Fütterpause, in unter zwei Stunden. Wer Lust auf eine größere Runde hat, kann sich die „Besteigung" des Monte Troodelöh (118 m) vornehmen. Unterwegs gibt es kleine Schutzhütten, deren Tische oder Bänke sich gut zum Outdoor-Wickeln nutzen lassen. Viele weitere lohnende Routen gibt es im Königsforst zu gehen, z.B. zum Wildgehege Brück.

Auf der Kuppe des Monte Troodelöh liegt sogar ein Gipfelbuch aus.

Schlechtwetter-Tipp: Das Odysseum

Corintostraße 1, 51103 Köln, Tel. 0221/69068200, www.odysseum.de, info@odysseum.de

ÖPNV: Stadtbahn 1 oder 9: Kalk Post, oder S-Bahn-Linien S 6, S 12 oder S 13: Trimbornstraße
Eintritt: Erwachsene: 14 €, Senioren: 12,50 €, Jugendliche (13–17 J.): 9,50 €, Kinder (4–12 J.): 7,50 €
Öffnungszeiten: Mo–Fr: 9–18, Sa, So, Fei 10–19 Uhr
Baby: Wickelraum, mehrere Aufzüge
Gastro: Großzügiger Restaurantbereich mit Hochstühlchen

Technik und Naturwissenschaften zum Anfassen – diese Leitidee zieht sich durch alle Ausstellungsabteilungen (Abbildung: Odysseum, Köln).

Cyberspace, Weltraum, Geheimnis des Lebens – das Odysseum bringt Kindern die Welt der Naturwissenschaften und der Technik näher. Für Babys und Kleinkinder sind die ausgestellten bzw. inszenierten Phänomene und Experimente sicher noch nicht allzu interessant. Dennoch kann der Besuch im Odysseum eine Bereicherung sein, beispielsweise in der Kinderstadt: Hier gibt es für die Kleinsten ein Bällchenbad mit Rutsche, einen Fühlboden, Softbausteine und eine Kugelbahn.

Dank breiter Gänge, Aufzüge und guter Baby-Infrastruktur lässt es sich im gesamten Odysseum bequem umherspazieren – und ganz nebenbei noch die eine oder andere Wissenslücke schließen. Denn wer weiß schon genau wie ein Computer funktioniert? Was sich alles mit der Gentechnik erforschen lässt? Oder warum der Tyrannosaurus Rex ausgestorben ist? Mit wechselnden Ausstellungen geht das Odysseum zudem auf aktuelle Themen ein und bereitet diese kindgerecht auf.

Um sich von dem gewaltigen Wissens-Input erholen zu können, gibt es in der Außenanlage des Odysseums jede Menge Spiel- und Klettermöglichkeiten und sogar einen Wasserspielplatz. Eine kleine Stärkung können sich Besucher im Restaurantbereich des Odysseums verschaffen. Dort gibt es auch Hochstühlchen für Babys bzw. Kleinkinder.

Ideal geeignet ist ein Besuch im Odysseum für Kinder im Schulalter.

Das Odysseum liegt ganz in der Nähe des Shopping-Tempels Köln-Arcaden. Dort gibt es ebenfalls eine Wickelmöglichkeit.

Der Kletterfelsen im Außenbereich des Odysseums. (Abbildung: Odysseum, Köln)

Touren im Kölner Stadtgebiet

Auch der rechtsrheinische Kölner Norden ist eine Reise wert: Japanischer Charme im Schatten des Leverkusener Chemiegiganten.

Mülheim

Auch der Bezirk Mülheim, mit den Stadtteilen Buchforst, Buchheim, Dellbrück, Dünnwald, Flittard, Höhenhaus, Holweide und Stammheim, gehört zur „Schäl Sick" – was vielen Kölnern bereits genügt, um ihn unattraktiv zu finden. Doch wie bei kaum einem anderen Bezirk lohnt es sich hier, genauer hinzusehen. Denn gerade am Stadtrand, dort wo beispielsweise Leverkusen nur einen Steinwurf entfernt ist, warten mitunter die größten Überraschungen. Denn wer hätte geahnt, dass es in Stammheim ein jährliches Kunst-Event gibt? Oder dass in Dünnwald im Sommer echte Urlaubsstimmung herrschen kann?

Vorsicht Wildwechsel! Zu Besuch im Dünnwalder Wildpark

Dünnwalder Mauspfad

ÖPNV: Stadtbahn 4: Leuchterstraße, dann Bus 154: Wildpark
Eintritt/Öffnungszeiten: jederzeit frei zugänglich
Baby: alle Wege kinderwagengeeignet, keine Treppen, leider keine Wickelmöglichkeit, aber im Sommer gutes Open-Air-Wickeln in den überdachten Picknickhütten möglich

Dort, wo Köln schon fast zu Ende ist, befindet sich ein liebevoll gepflegter Wildpark, für den auch eine längere Anreise lohnt.
Neben Ziegen, Wildschweinen und Damwild gibt es hier sogar eine echte Rarität zu bestaunen: Wisenten nämlich, europäische Bisons, die eigentlich bereits ausgerottet waren.
Mehrere gut begehbare Wege führen durch den Wildpark und geben so den Blick auf die großzügigen Gehege frei. An

Automaten kann man für 1 Euro Futter für die verschiedenen Tiere kaufen. Selbst mitgebrachtes Futter oder Essensreste sind allerdings tabu.

Es gibt zahlreiche Sitzgelegenheiten, einen kleinen Spielplatz und – absolut sehenswert – reichlich Tierskulpturen aus Holz zu bewundern.

> **Tipp:** Jeden zweiten Mittwoch im Monat findet um 14 Uhr eine Führung durch den Wildpark statt. Treffpunkt: Ecke Kalkweg/Dünnwalder Mauspfad auf der Wildparkseite.

Das Insektenhotel: Baumscheiben, Steine und andere Naturmaterialien dienen Insekten als künstlicher Raum zum Nisten und Überwintern.

Mülheim

Ein Krake bewacht den Sandkasten – nur eines von vielen Holzkunstwerken im Dünnwalder Wildpark.

Das Dünnwalder Waldbad

Peter-Baum-Weg 20, 51069 Köln, Tel. 0221/6001588, www.waldbad-camping.de

ÖPNV: Bus 154: Waldbad
Eintritt/Öffnungszeiten: Erwachsene (ab 18) 3,50 €, Kinder (unter 4) Eintritt frei, Kinder (über 4), Studenten, Schwerbehinderte (mit gültigem Ausweis) 2,50 €, während der Saison täglich 9–20 Uhr (Näheres s. Website)
Gastro: Kleine Snacks im Schwimmbad erhältlich
Baby: Plantschbecken mit kleiner Rutsche, Outdoor-Wickeln gut möglich

Aus der Luft betrachtet ist das Dünnwalder Waldbad ein türkisfarbener Fleck inmitten von dunklem, satt grünem Wald. Das sorgt dafür, dass beim Schwimmen unweigerlich Urlaubsstimmung aufkommt.

Gemütlich geht es hier zu, fast schon familiär. Es gibt ein Schwimmerbecken, einen Nichtschwimmerbereich, zwei Wasserrutschen und ein separates Kinderbecken, in dem auch schon die Kleinsten gut plantschen können. Liegewiesen sind reichlich vorhanden, je nach Belie-

> **Tipp:** In unmittelbarer Nachbarschaft des Waldbades befinden sich ein Minigolf- und ein Boule-Platz. Wer gerne mal ein paar Tage hier verbringen möchte, kann dies beispielsweise auf dem angrenzenden Campingplatz tun. Hier gibt es auch zwei Gästezimmer und einen Mietwohnwagen.

ben in der Sonne oder im Schatten unter Bäumen. Im Mai eröffnet das Bad in der Regel seine Saison und da die Becken beheizt sind, braucht es nicht notwendigerweise einen heißen Sommertag, um hier schwimmen zu gehen.

Durch den Stammheimer Schlosspark schlendern

Stammheimer Hauptstraße, 51061 Köln

ÖPNV: S 6 Köln-Stammheim, dann Bus 151 oder 152: Friedhof Stammheim
Eintritt/Öffnungszeiten: jederzeit frei zugänglich
Baby: alle Wege kinderwagengeeignet, Treppen umfahrbar, leider keine Wickelmöglichkeit
Gastro: ideales Picknickgelände mit vielen ruhigen Ecken im Park

Ein Schloss wird man hier heutzutage zwar vergeblich suchen, aber das tut diesem Park keinen Abbruch.
Denn stattdessen gibt es hier, neben altem Baumbestand und prächtigen Alleen, verschiedenste Skulpturen zu bewundern. Die Kunstwerke, zumeist moderne Kunst, sind größtenteils fest installiert und können so auch aus nächster Nähe betrachtet und berührt werden. Manche Plastiken sind gar in Bäume oder andere naturräumliche Elemente eingebunden, sodass

Die Wege im Stammheimer Schlosspark sind gut angelegt und breit genug, um auch mit zwei Kinderwagen nebeneinander spazieren zu können.

sich hier Kunst und Natur vermischen. Überdies liegt der Stammheimer Schlosspark direkt am Rhein, sodass man auch gemütlich auf einer der Bänke sitzen und auf den Fluss schauen kann.

Zwar ist Stammheim ein recht abgelegener und sicher nicht der pulsierendste Stadtteil Kölns, doch der Park ist die Reise wert – und weitaus weniger bekannt als die meisten anderen Kölner Grünanlagen.

Goldener Mops mit Engelsflügeln im Stammheimer Schlosspark.

Das ehemals hier angesiedelte Stammheimer Schloss wurde bereits 1637 erstmals erwähnt. Lange Zeit war es Sitz der angesehenen Kölner Familie von Fürstenberg-Stammheim. 1944 zerstörten alliierte Bomber das Schloss bei einem Angriff auf Köln. Das heute auf dem Parkgelände befindliche Gebäude – leider in eher verfallenem Zustand – wurde 1952 errichtet und beherbergte lange Zeit ein Altenwohnheim. Ob und wie das Gebäude künftig saniert und genutzt wird, ist derzeit ungewiss.

> **Tipp:** Jedes Jahr an Pfingsten werden im Stammheimer Park im Rahmen eines Festes neue Skulpturen installiert. Info: www.rheinblicke-einblicke.de

Japanische Ästhetik an der Kölner Stadtgrenze

Kaiser-Wilhelm Allee, 51373 Leverkusen

ÖPNV: S 6: Bayerwerk, dann Bus 201, 220, 233 oder 255: Bayerwerk/Tor 2
Eintritt/Öffnungszeiten: Eintritt frei, Mai–Sept 9–20 Uhr, Okt–April 9 Uhr bis Einbruch der Dunkelheit.
Baby: (fast) alle Wege kinderwagengeeignet, Treppen umfahrbar
Gastro: Kaffee, Kuchen und Snacks im benachbarten Bistro des BayKomm (Bayer-Kommunikationszentrum)

Kleine Wasserfälle, Tümpel, über die geschwungene Brücken führen, ein Gartenhaus im Stil eines chinesischen Tempels, Wasser speiende Drachen – der Japanische Garten in Leverkusen hält, was er verspricht. Neben gut begehbaren Wegen gibt es allerdings auch einige kleinere Pfade, die mit dem Kinderwagen eher schwierig zu befahren sind.

Schon 1912 begann Carl Duisberg, ehemals Aufsichtsratsvorsitzender der damaligen I.G. Farben, Kostbarkeiten aus seinen Reisen nach Fernost mitzubringen. Sein Wunsch war, einen Garten ganz nach japanischem Vorbild zu schaffen, in dem die Arbeiter der benachbarten Fabrik sich erholen konnten. Nach und nach wuchs die Anlage dann zu einem stattlichen Park heran, in dem heute auf rund 15.000 qm nicht nur japanische Gartenbauelemente, son-

Der Japanische Garten ist eingebettet in eine noch viel weitläufigere Parkanlage: den Carl-Duisberg-Park.

An diesen kleinen Brücken und Wasserläufen haben Kinder besonders viel Spaß. In manchen der Tümpel sind sogar Fische und Schildkröten zu entdecken.

Mülheim

dern auch fernöstliche Pflanzen zu bewundern sind. Duisberg setzte sich dabei intensiv mit der japanischen Philosophie des Gartenbaus auseinander und erschuf den Park ganz nach den Regeln der Gartenbaukunst.

Was viele Besucher nicht wissen: Die Stadtgrenze zwischen Köln und Leverkusen verläuft exakt durch den Japanischen Garten.

Eine der zahlreichen Skulpturen, die der Schöpfer des Gartens, Carl Duisberg, von seinen Reisen nach Asien mitbrachte.

Tipp: Einen Steinwurf vom Japanischen Garten entfernt liegt das noble Kasino Leverkusen. Jeden Sonntag gibt es hier einen leckeren Brunch – sogar mit Kinderbetreuung! Erwachsene zahlen 28 € pro Person (inklusive Kaffee und Tee), Kinder bis 12 Jahre dürfen kostenfrei mitessen. Anmeldung unter: Tel. 0214/3024666 oder reservierung@bayer-gastronomie.de

Mit der Straßenbahn direkt ins Museum

Straßenbahn-Museum Thielenbruch, Otto-Kayser-Str. 2c, 51069 Köln, Tel. 0221/2834771, www.hsk-koeln.de

ÖPNV: Stadtbahn 18: Thielenbruch
Eintritt/Öffnungszeiten: geöffnet jeden 2. Sonntag des Monats 11–17 Uhr
Baby: Wickelmöglichkeit und Stühlchen im Lezuch's
Gastro: Lezuch's – Gasthaus im Museum, Öffnungszeiten: Di–Sa ab 16.30, So/Fei ab 12 Uhr, Mo Ruhetag.

Stilecht im Museum ankommen: Die Haltestelle Thielenbruch liegt quasi direkt im Museum.

Betreut wird das Museum vom Verein Historische Straßenbahnen Köln e.V. Die rund 100 Mitglieder kümmern sich ehrenamtlich um die Exponate und veranstalten Führungen und Ausstellungen im Museum.

Wer hierher nicht mit der Straßenbahn anreist, verpasst ein echtes Highlight. Denn die Station befindet sich quasi im Museum. Das stimmt die Besucher ganz automatisch ein, auf die hier ausgestellten Straßenbahnen verschiedenster Epochen. Doch auch zum Anfassen und Ausprobieren ist hier einiges vorhanden. So zum Beispiel ein Tram-Simulator oder ein Straßenbahn-Stromabnehmer, den Kinder an einem Seil bewegen und aufrichten können.

Einige der ausgestellten Straßenbahnen sind zudem auch von innen zu besichtigen, manche allerdings nur im Rahmen einer Führung.

Untergebracht sind die Ausstellungsstücke in einer alten Wagenhalle mit sehr viel Platz zum Toben und Spielen. Das Museum ist somit absolut familien- und kindertauglich.

Mülheim

Ganz schön anstrengend: Diesen ausrangierten Straßenbahn-Stromabnehmer können Kinder per Hand aufrichten.

Tipp: Achtung: Zwar lautet die Postanschrift des Straßenbahn-Museums Otto-Kayser-Straße, der Eingang befindet sich jedoch auf der Gemarkenstraße.

Touren im Kölner Stadtgebiet

Das Ende? Nein, der Anfang!

40 Touren in Köln – und kein Ende in Sicht! Denn die hier vorgestellten Ausflüge sind erst der Anfang dessen, was in und um Köln alles unternommen werden kann, ob mit dem Kinderwagen, zu Fuß, mit dem Fahrrad, dem Rollstuhl oder einer Kombination aus alledem.

Dieses Buch will dazu anregen, auf eigene Faust zu entdecken - und zwar genau in dem Maß, in dem es jeder für sich für richtig hält. Denn was, wenn nicht ein Kind, ermöglicht völlig neue Sichtweisen und ein neues Lebenstempo? Und damit sich das junge Familie-Sein nicht unter einer isolierten Käseglocke abspielt, hilft nur eines: Rein in den Kinderwagen und raus auf die Straße!

Viel Spaß dabei!